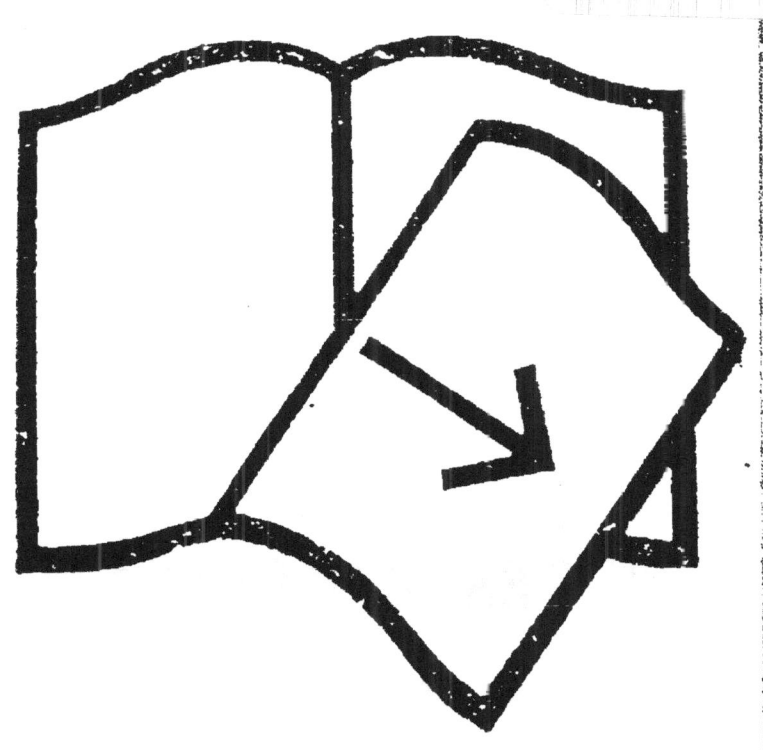

Couvertures supérieure et inférieure manquantes

LES
PETITES COMÉDIES
DU
VICE

EUGÈNE CHAVETTE

LES

PETITES COMÉDIES

DU

VICE

Illustrations de Kauffmann.

PARIS
C. MARPON ET E. FLAMMARION
ÉDITEURS
26, RUE RACINE, PRÈS L'ODÉON

Tous droits réservés.

A EUGÈNE VACHETTE

MON MEILLEUR AMI

Je dédie ce livre.

Eug. Chavette.

LA MÉFIANCE

LE GUILLOTINÉ PAR LA PERSUASION.

(LA MÉFIANCE)

(La scène se passe en province, dans une petite ville du Midi.)

Un employé de la préfecture a été nommé membre du jury.

Dans sa session, on juge un homme accusé de dix-sept meurtres, sans compter la petite musique des viols, effractions et vols.

Il est condamné à mort.

En rentrant au logis, l'employé-juré se dit :

— Voici une excellente occasion de rendre tous les dîners que j'ai reçus.

Aussi, le moment arrivé, écrit-il à ses amis :

« Nous guillotinons Saint-Phar jeudi ; venez donc me demander à déjeuner, j'ai trois fenêtres sur la place et un rare cordon bleu. — Nous verrons à rire un peu. »

Au jour dit, tous les amis sont au rendez-vous de l'employé, qui a aussi invité son chef de division, homme influent qui le protège.

Comme aucune exécution publique n'a eu lieu depuis cinquante années dans la ville, on a négligé le personnel de l'exécution.

Le bourreau est un vieillard débile.

Son premier aide a quitté cette terre.

Le second valet relève d'une longue maladie qui l'a laissé sans forces.

Si le condamné, qui est un hercule, n'y met pas un peu de bonne volonté, la justice des hommes sera difficilement satisfaite.

Au moment du dessert, arrive de la prison cette terrifiante nouvelle :

— Saint-Phar ne veut pas se laisser taquiner.

Désespoir des invités qui s'écrient en chœur :

— Voici notre petite fête gâtée ! On ne peut plus compter sur rien !

Le chef de division fronce le sourcil.

Son subordonné, qui voit son avancement compromis, fait de vains efforts pour calmer le mécontentement de ce personnage influent.

Enfin, il se résout à un grand moyen.

— Je connais un peu Saint-Phar, dit-il, je vais aller lui faire entendre raison.

Il se rend à la prison, et pénètre dans la cellule du condamné.

Le dialogue suivant s'établit :

Le tentateur. — Eh bien ! qu'est-ce que tous ces menteurs-là me disent ? (*Lui tapotant les joues*). Que tu ne veux pas te laisser guil-lo-ti-ner ?

Saint-Phar, *sèchement*. — Non.

Le tentateur. — La raison, s'il vous plaît ?

Saint-Phar, *d'un ton froissé*. — On me prévient au dernier moment.

Le tentateur. — Quoi ? au dernier moment ! Toute la nuit tu as entendu des coups de marteau qui t'empêchaient de dormir ; cela ne t'a pas intrigué ? Tu n'as pas eu la curiosité de te dire : « Qu'est-ce que c'est ? » Eh bien ! c'était la petite machine que l'on te dressait sur la place Bourdaillard, dont le marché est remis à demain à cause de toi. (*Avec reproche.*) Et tu attends à la dernière heure pour faire le capricieux ? Allons ! viens, grand enfant !

Saint-Phar, *inébranlable*. — Non.

Le tentateur, *surpris*. — Mais, malheureux ! tout le monde est arrivé ! La magistrature, le clergé, le peuple, les soldats qui vont te faire la haie comme pour l'Empereur ; chacun est en place... On n'attend plus que toi... (*Insistant.*) On n'at-tend plus que toi u-ni-que-ment.

Saint-Phar. — J'ai de la méfiance.

Le tentateur, *vivement*. — Tiens! tu connais ce bon M. de Puisec, ce vieux noble qui n'était pas sorti de chez lui depuis le départ des Bourbons et qui avait juré de ne plus quitter la chambre? (*D'un accent de triomphe.*) Eh bien! il est venu, il est là!... Pour qui? je te le demande, gros vilain. (*Souriant.*) Pour toi, pour son petit Saint-Phar... Allons, viens, par politesse pour M. de Puisec.

Saint-Phar, *brutalement*. — Il ne m'a pas été présenté... Non.

Le tentateur, *d'un ton dédaigneux*. — Moi qui te croyais bien élevé! (*S'écriant tout à coup.*) Ah! je devine! (*Le prenant à l'écart.*) Ne rougis pas de te confier à un ami. Est-ce l'argent qui t'arrête, hein? (*Bas à l'oreille.*) Tous les frais sont payés: c'est l'État qui te régale.

Saint-Phar, *fier*. — Je ne demande pas l'aumône.

Le tentateur. — Oh! de la susceptibilité, à présent! Si tous les fonctionnaires étaient susceptibles comme toi pour leurs traitements, où en serait demain le gouvernement, hein? Réponds, je te prie... Allons, viens vite; je crains à tout moment qu'on ne s'aperçoive de ton absence.

Saint-Phar. — Non, j'ai de la méfiance.

Le tentateur, *sévèrement*. — Tu n'es qu'un ingrat envers le ciel! (*S'emportant.*) Quoi! tous les jours, au fond de la Californie, à Java, au Brésil, il y a des pauvres diables qui sont malades, impotents, qui ne peuvent se traîner, et ils n'ont qu'un seul désir, ils ne forment que ce seul vœu :

—Ah! que je voudrais donc mourir dans ma belle et douce patrie!

(*Eclatant.*) Toi, te voilà dans ta ville natale, au milieu de tous tes compatriotes!... Mais dis-moi donc un peu ce qu'il te faut de plus? gourmand!

Saint-Phar. — Possible!... Mais j'ai de la méfiance.

Le tentateur. — Voyons, ne fais pas le fou, raisonnons un peu... Sois franc : avant d'être pris, tu ne vivais pas tranquille... Tu avais des remords... Tu te disais : « Si on me pince, on me fourrera en prison, j'irai au tribunal où les juges me diront mille choses désagréables, — des personnalités même! » Bien, très bien, tu raisonnais juste. Mais aujourd'hui tout cela est passé, le plus difficile est fait... Il ne t'en reste plus que pour cinq minutes à peine... et tu hésites? Je ne te comprends pas. Avec ça que c'est amusant, la prison... et surtout bon pour la santé; que tu es jaune comme un coing! (*Avec intérêt.*) Viens... au moins tu prendras l'air, ça te fera passer un instant.

Saint-Phar. — Non, je suis casanier.

Le tentateur. — Sans parler de monsieur le Bourreau qui, depuis ce matin, te graissotte son petit meuble... des prévenances comme pour un fils, le cher homme! C'est, entre vous, les premiers rapports, et tu le dédaignes? (*Sérieux.*) Un ennemi que tu te fais! Prends garde!

Saint-Phar. — Je n'aime pas les nouveaux visages; le sien est triste.

Le tentateur. — Crois-tu donc qu'il soit bien gai par état? Jadis, il avait au moins la roue pour son amusement, et on la lui a retirée! Si on lui donnait le choix, il préférerait un voyage en Suisse, sois-en bien certain... Voyons, te décides-tu?

Saint-Phar. — Non, j'ai de la méfiance.

Le tentateur. — Sans te parler de moi-même qui ai répondu de toi à douze amis qui me sont venus exprès de la campagne. Si tu crois que je te mens, envoie demander; leurs carioles sont encore dans ma cour.

Saint-Phar. — Non, j'ai de la méfiance.

Le tentateur, *avec prière*. — Sois gentil! pour moi, un ancien camarade de pension. Nous n'avons pas suivi la même carrière... Toi, te voilà arrivé!... Ne fais pas le parvenu avec moi... Je suis un pauvre fonctionnaire avec femme et enfants. Mon chef de division est là qui attend chez moi; j'ai besoin d'avancement; fais cela pour moi, je te prie, mon petit Pha-Phar. (*D'un ton de reproche.*) Je suis ton juré, tu es mon premier guillotiné; étrenne-moi de bonne grâce, que diable! (*Avec conviction.*) Comme juré, je t'ai condamné à mort. J'ai fait mon devoir. Maintenant, à toi de faire le tien... Chacun a sa mission dans la société.

Saint-Phar. — Non, j'ai de la méfiance.

Le tentateur. — Un bon conseil en passant. Tu ne veux pas aujourd'hui... soit!... mais on fera venir l'exécuteur d'à côté, et ce sera pour demain... Réponds : est-il dans l'usage de vous guillotiner le lendemain de l'exécution? Non, c'est un ordre, un ordre établi... Donc, tu inquiètes l'ordre, tu t'insurges contre l'ordre établi... Alors, sais-tu ce qu'on pensera de toi? On dira : « Allons, bien, encore un promoteur de troubles! » Tu vois que tu te compromets à plaisir!

Saint-Phar. — Je ris du « qu'en dira-t-on! »

Le tentateur, *après un instant de réflexion*. —

Tiens, Saint-Phar, je suis très observateur, moi !
Veux-tu que je te le dise ?... Tu ne l'avoueras pas,
mais cette résistance ne vient pas de toi... On t'a
monté la tête... Tu te fais un monstre de la chose.
Au fond, qu'est-ce ? Un rien, une simple formalité...
Examinons un peu ensemble : d'abord, tu te garnis
d'un confortable déjeûner. (*Souriant.*) Est-ce bien
difficile, hein ?... Puis, on te *rafraichit* prestement la
chevelure, c'est hygiénique, et cela te rajeunit...
Ensuite tu t'en vas tranquillement en voiture. (*Insistant.*) En voiture, mon très bon, en voi-tu-re !
Durant le trajet, tu causes de choses et d'autres avec
le prêtre, et le temps se passe en un clin d'œil. A l'arrivée, on vient à ta rencontre, on t'ouvre la portière,
on te tend les bras ; tout le monde est à ta disposition !... Tu montes un escalier très doux, un étage,
un seul étage ! Tout au plus un petit entresol... Tu
salues et... le-temps-de-tourner-la-tête... prrrrou !
c'est fini ! (*Souriant.*) Et tout le monde s'en va
content.

Saint-Phar. — Tout le monde, tout le monde ! ça
vous plaît à dire ! Je...

Le tentateur, *l'interrompant.* — Ne parlons pas
tous les deux à la fois, s'il te plaît. Je suis sérieux.
Donc, si tu ne veux pas aujourd'hui, ce sera demain... D'abord, demain, c'est un vendredi, un
vilain jour qui te portera malheur ! Demain, mes
enfants seront retournés au collège ; demain, on sera
indisposé contre toi, on ira à ses affaires, et tu n'auras pas un chat à ton exécution. C'est donc flatteur,
ça ?

Saint-Phar. — Je ne cherche pas la popularité.

Le tentateur. — Et mes douze amis qui sont

venus de la campagne ? Est-ce que tu vas me les laisser sur le dos jusqu'à demain ? Où veux-tu que je les loge ? Mets-toi un peu à ma place.

Saint-Phar, *vivement.* — Avec plaisir. Prenez la mienne.

Le tentateur, *heureux.* — Ah ! farceur ! de l'esprit, maintenant ! Je savais bien que tu voulais seulement me donner un peu de tablature ! (*D'un ton confidentiel.*) Entre nous, tu sais aussi bien que moi à qui ton obéissance fera plaisir ? C'est l'Empereur qui l'ordonne.

Saint-Phar, *avec l'accent d'un vif reproche.* — Mais ce n'est pas dans ce but que j'ai voté pour lui.

Le tentateur, *vivement.* — Ah ! comme je te prends là ! Je savais bien que tu n'étais pas logique. Qui te l'a demandé, cet Empereur ? Personne. Les élections étaient libres; on ne t'a pas influencé. Tu as dit : « Oui, je le veux, donnez-le moi. » Tu t'es même conformé aux textes saints, qui disent : *Elegite ex vobis meliorem, quem vobis placuerit, et ponite eum super solium...* C'est donc le souverain de ton cœur, l'Empereur de ton goût... Il le sait, et... crac !... à la première chose qu'il te demande, tu lui refuses !!! Alors, sais-tu ce qu'il dira, tout surpris, le soir, sur l'oreiller, en causant avec sa dame ? Il dira : «Tiens ! je croyais que Saint-Phar était de mon bord !!! »

A cette perspective, le condamné se lève d'un seul bond; une violente émotion lui coupe la parole; mais, par ses gestes, il fait comprendre qu'il est résigné à tout.

Le tentateur, *avec une satisfaction modeste.* — Ah !

tu entends enfin raison, grand enfant! Allons, je vais dire à M. le bourreau que tu reçois ; moi, je vais faire patienter ces dames. (*Il l'embrasse et sort.*)

Dix minutes après, le chef de division, satisfait, disait à son hôte et employé tout radieux :

— En vérité, mon cher, votre petite fête était charmante et complète !

Septembre 1862.

LA VANITÉ

DEUX VERS DE PROPERCE

(LA VANITÉ)

Mon héros se nommait Jacques.
Il était couvreur de son état, Belge de naissance et fort simple de caractère.
Tous les ans sa femme lui donnait trois enfants à la fois.

On crut à une originalité de la dame.

Pas un compliment pour Jacques qui, du reste, ne soufflait mot.

Mais, devenu veuf, il se remaria.

L'année suivante, la nouvelle épouse continua les errements de la première.

Alors la réaction se fit.

Jacques fut donc enfin reconnu pour le collaborateur de talent.

Autant on avait été injuste à son égard, autant il eut à se louer du triomphe fait à son mérite.

Bruxelles était fière de son compatriote.

On l'inscrivit à la rubrique : « *Curiosités de Bruxelles* » dans le Guide de l'étranger.

Chacun le protégeait.

Bref, — il jouissait dans sa ville d'une notoriété sympathique.

Un soir, au cabaret, il s'offrit pour reconduire un ami des mieux avinés.

Ils longeaient le canal, quand le pochard lui dit :

— Ma femme me trompe ; toi, t'as dix-huit enfants et t'es un franc cœur ; v'là mon argent et ma montre, c'est pour toi en testament.

Et il se lança dans le canal.

Ce fut si vite fait que Jacques n'eut pas le temps d'aller chercher un notaire.

Si vous trouviez le corps d'un homme dans un canal et sa montre dans le gousset de son camarade, vous seriez le premier à faire de bien fâcheuses suppositions sur le détenteur de la montre.

Mettez-vous donc à la place de la justice belge

— qui était toute neuve — et ne demandait qu'à travailler.

(Car c'était en 1831 ; on venait d'inventer la Belgique.)

Donc Jacques fut arrêté.

Il était innocent à n'en pas douter.

La sympathie générale s'accrut, et les portes de la prison allaient lui être ouvertes béantes, quand un vieux réactionnaire prononça cette phrase célèbre qui fut pillée plus tard :

« *Méfions-nous des surprises du cœur.* »

On garda donc Jacques en prison pour lui réserver le triomphe d'un glorieux acquittement.

Mais, du fond de son cachot, le couvreur régnait sur tous les cœurs par cette pitié inquiète dont, chez nous, les puisatiers enfouis ont aujourd'hui le monopole.

A chaque membre du tribunal on demandait : « Quand donnerez-vous la clef des champs à notre Jacques ? »

— Au premier jour, affaire de formalités, répondait-on.

La ville entière eût fourni caution, mais on se disait : A quoi bon, il sortira demain ?

Et puis, c'était un excellent prétexte de s'écrier : Horrible supplice que celui de la *prévention* qui arrache un père à sa famille, à ses travaux, etc., etc. !!!

Alors on envoyait du fricandeau et des matelas à la famille de l'incarcéré.

La nuit, on montait sur les toits — du voisin — arracher des tuiles pour préparer du travail au brave couvreur à sa sortie de prison.

Enfin le jour du jugement arriva.

La veille, le président des assises, le bon monsieur Dutilbag, était descendu dans le cachot dire à Jacques :

— C'est pour demain à onze heures, Écrivez à votre famille de venir vous prendre au tribunal ; à midi votre affaire sera bâclée. Demain, vous serez libre.

Puis il avait ajouté par habitude :

— Si vous n'êtes détenu pour autre cause.

Le lendemain, une foule attendrie avait envahi le prétoire.

Le prévenu comparaissait entre deux gendarmes, — que dis-je ? deux gendarmes, — deux mères pour le dévouement et les égards.

Jacques était si sûr de ne plus retourner en prison, qu'il avait apporté à l'audience sa modeste garde-robe empaquetée dans un mouchoir à carreaux.

A son intéressante famille, que la foule étouffait par amitié, il fit un signe affectueux qui voulait dire : Retournez à la maison, marchez en avant, je vous rejoins dans un instant, embrochez l'oie grasse.

Elle obéit.

Public, juges, jurés, tous trépignaient d'impatience.

Mais le président, ce bon monsieur Dutilbag, calmait chacun :

— Les formalités avant tout, disait-il, Jacques vous sera rendu, mais, pour Dieu! observons les formalités!

L'innocence du prévenu était si évidente qu'on avait négligé le choix d'un avocat.—Dans la foule, le président aperçut Mº van der Linden, l'aigle du barreau ; d'un coup d'œil il lui désigna la place vide du défenseur.

Le grand orateur répondit par un mouvement d'épaules qui signifiait :
— A quoi bon? la vérité parlera seule.
M. Dutilbag eut un second coup d'œil suppliant qui voulait dire :
— Les formalités! mon cher, les formalités!
Mº van der Linden, qui étouffait dans la foule, pensa qu'il serait plus à l'aise au banc de la défense et vint prendre place.
L'auditoire battit des mains à ce foudre d'éloquence qui allait protéger l'innocence de sa puissante parole.
Enfin, on commença.

A peine les témoins avaient-ils ouvert la bouche, que le président les interrompait par un :
— C'est bien, allez vous asseoir.
Les jurés se trémoussaient sur leurs sièges; ils voulaient immédiatement passer au verdict.
— Les formalités! les formalités! leur soufflait le président.

Mº van der Linden se leva enfin.

Un majestueux silence s'établit dans la foule, prête à boire ses paroles.

Du fond de son immense talent, le Démosthène belge tira ces magnifiques paroles :

— *Je m'en rapporte à la Cour!*

Cette phrase fut ponctuée d'un tonnerre d'applaudissements qui détacha les plâtres du plafond.

Puis la parole fut donnée au ministère public.

Le procureur du roi, maître van Brower, était un jeune homme de talent. Récemment nommé, il faisait en cette cause ses premières armes.

Un peu avant la remarquable improvisation de M⁰ van der Linden, il avait soufflé à l'huissier :

— Faites avancer ma voiture par la rue basse.

Et il avait rassemblé ses papiers pour partir au plus vite.

Il se leva donc, cachant sous les longues manches de sa robe, ses gants qu'il avait déjà remis.

Il allait abandonner l'accusation.

Mais au moment où il ouvrait la bouche...

Un frou-frou de robe de soie s'entendit.

Et mademoiselle Cécile Dutilbag, la fille du président, fit son entrée dans l'enceinte réservée.

C'était une bien belle personne que cette demoiselle Cécile Dutilbag.

Les plus riches partis avaient sollicité sa main.

Elle les avait tous impitoyablement repoussés.

Son dernier refus avait même fait scandale, car elle avait dédaigné le célèbre nom de van der Linden, le Démosthène belge!

Enfin son cœur avait parlé pour le jeune procoreur du roi, M⁰ van Brower, auquel elle était fiancée depuis la veille.

Aimante comme elle se sentait aimée, elle venait assister à la première victoire de l'élu de son cœur.

Quand elle entra, Jacques, énervé par la chaleur de la salle, dormait profondément.

A la vue de sa fiancée, dont le doux œil semblait amoureusement lui dire :

— Triomphe, ô mon bien-aimé !

Le procureur du roi éprouva en lui un petit mouvement de colère contre l'accusé :

— Maudit Jacques ! se dit-il, pourquoi faut-il qu'il soit là ! — Un bon scélérat à sa place, et je faisais sensation !

Peu à peu il retira ses gants.

Avant l'apparition de l'ange adoré, il allait abandonner l'accusation. Sans renoncer à ce dessein, il voulut orner son désistement de quelques fleurs de rhétorique.

Il fut donc éloquent.

— Bien ! bien ! lui disait sa Cécile en un sourire.
— Bravo ! mon gendre, approuvait, du regard, le président.

L'appétit, dit-on, vient en mangeant ; donc il voulut non seulement être éloquent, mais observateur.

Il fit voir combien les apparences sont quelquefois trompeuses.

Puis, adroit et perspicace, il prouva comment ces apparences pouvaient être invoquées contre Jacques.

— Bien ! bien ! continuait à dire le gracieux sourire de la charmante fiancée.
— Bravo ! mon gendre, soufflait toujours M. Dutilbag.

Le procureur s'était échauffé, mais il allait adroitement revenir à son désistement, quand il fut brutalement interrompu par le célèbre défenseur de l'accusé.

A l'entrée de Cécile, le grand orateur avait eu sa crise de rage jalouse.

— Ah! ma belle! s'était-il dit, tu comptes assister à la victoire du beau vainqueur pour lequel tu m'as refusé! Attends un peu. Je vais te prouver que tu as préféré le son à la farine!

Il guettait dans les phrases de son adversaire un petit jour pour s'y fourrer brutalement, à la façon d'un coin en fer.

Au moment attendu, il rentra en lice par une virulente apostrophe.

Le public, qui n'avait pas vu changer le décor, pensa que le premier acte continuait toujours et applaudit à outrance.

M. Dutilbag, dans cette ovation populaire, crut reconnaître un parti pris contre son futur gendre et tança sévèrement la foule.

Puis il rappela l'avocat à l'ordre.

La corde ainsi tendue, le ton changea.

— *On entrave la défense après avoir surpris sa bonne foi!* s'écria le Démosthène.

A tout propos, il se précipitait dans le réquisitoire comme un sanglier à travers les halliers.

Il eut même quelques mouvements oratoires qui attirèrent l'attention de Cécile.

Un instant, elle parut réfléchir et se consulter.

— Je l'emporterai quand même ! se dit van Brower, fou d'amour et de jalousie.

Alors il revint sur ces apparences par lui citées, les souleva une à une, et en tira des faits clairs, précis et accusateurs.

M. Dutilbag approuvait du bonnet.

La foule, toujours de l'avis du dernier qui parle, fut ébranlée dans sa conviction.

Les jurés, tout surpris, secouaient la tête en murmurant :

— Ah mais ! ah mais ! on ne nous avait pas dit tout ça !

Et le ministère public continuait, continuait toujours.

Il fit sortir la vérité si nue de son puits, que chacun ne put s'empêcher de s'écrier :

— Mais alors, ce Jacques est un misérable ! une profonde canaille ! un scélérat endurci !

Enfin l'illustre défenseur eut sa réplique.

Mais le coup était porté.

La lumière s'était faite en l'esprit des jurés.

On se disait :

— Il est fou et ne sait plus ce qu'il veut. Pourquoi s'en rapporter d'abord à la cour pour venir ensuite la contrecarrer ?

— C'est donc par entêtement.

Etc., etc...

Enfin, le bon M. Dutilbag dut résumer les débats.

Il fut involontairement plus beau-père que magistrat.

Pour rendre hommage au bon goût de sa fille, il donna raison à son futur gendre.

Les jurés s'écrasèrent pour courir plus vite à la salle des délibérations.

Et Jacques fut éveillé par le hurra de joie dont le peuple belge, enfin éclairé, saluait sa condamnation aux travaux forcés.

Après la foule, un philosophe, qui de son coin avait assisté aux débats, s'en alla murmurant ces deux vers de Properce :

Olim mirabar quod tanti ad Pergama belli,
Europæ atque Asiæ causa puella fuit...

Juin 1862.

LA COLÈRE

LE LACHE QUI BAT LES FEMMES

(LA COLÈRE)

Monsieur attend Madame qui est allée seule dîner en ville.
A onze heures, Madame rentre en riant aux larmes.

Monsieur. — Comme tu es gaie, ce soir, Sylvie ; il paraît qu'on s'est fort amusé au dîner des Bichard?

Madame, *riant toujours*. — Tu ne devinerais jamais ce qui me donne ainsi à rire.

Monsieur. — Bichard vous aura encore fait sa farce de servir le café avec des poissons rouges dedans.

Madame. — Non ; j'aime mieux te le dire tout de suite : il a flanqué un soufflet à sa femme!!!

Monsieur. — Pas possible !

Madame. — Un soufflet d'une telle force que chacun s'est vite caché la figure sous sa serviette pour ne pas recevoir des éclats de tête. Bichard voulait la lampe à droite, à cause de son mauvais œil ; Aglaé la voulait à gauche, ce qui avantageait ses diamants ; chacun d'eux la posait et la reposait ; à la sixième fois, Aglaé, qui est rageuse, a fini par la camper, exprès, au beau milieu du plat d'épinards ; c'est alors que son mari lui a réchauffé la joue. (*Riant.*) Je ris encore de la figure que faisait Aglaé ; mais, au fond, je suis indignée contre Bichard, car l'homme qui bat une femme est un lâche.

Monsieur. — Oui, bien souvent...

Madame. — Quoi ! bien souvent ? Tu peux dire : toujours ! L'homme qui bat une femme est toujours, toujours un lâche !

Monsieur. — A moins qu'il n'ait été poussé à bout.

Madame. — Poussé à bout !!! Est-ce que tu aurais l'audace de vouloir défendre Bichard ?

Monsieur. — Non, non... Seulement, je dis qu'il est des circonstances...

Madame, *sèchement*. — Tiens, tu ferais mieux de dire franchement le fond de ta pensée.

Monsieur. — Mais je n'ai pas de fond de pensée.

Madame. — C'est que, avec tes « circonstances, » tu parais vouloir te mettre en scène.

Monsieur, *naïvement*. — Moi ! Ah ! grands dieux, non !

Madame. — Pourquoi ris-tu en disant cela ?

Monsieur. — Je ris... Dame, je ris comme tu

riais tout à l'heure.... en pensant à ce farceur de Bichard qui...

Madame. — Comment « farceur »?... Tu appelles sa brutalité une farce, toi? On voit bien que tous les hommes se soutiennent! Au besoin, tu l'imiterais, n'est-ce pas? Ah! je suis sûre que ce n'est pas l'envie qui te manque.

Monsieur. — Que me manque-t-il donc?

Madame. — Le courage!... Il est vrai de dire que je ne suis pas agaçante comme Aglaé.

Monsieur. — Oh! non!

Madame. — Quoi? « Oh! non! »... Tu as l'air de le dire par moquerie. C'est qu'avec moi il ne suffit pas d'accuser, il faut encore prouver. Ainsi, tu oses me soutenir en face que je suis agaçante comme Aglaé?

Monsieur, *patient*. — Non, chère amie, je te répète que non... A la vérité, tu aimes bien un peu à taquiner...

Madame. — Moi!!!

Monsieur, *se rétractant*. — Mettons que je n'ai rien dit...

Madame, *sèchement*. — Pas du tout, parlez... Il est inutile de vous poser en victime silencieuse... Ah! j'aime à taquiner! Vous seriez fort embarrassé de citer une preuve à l'appui de votre dire.

Monsieur, *avec douceur*. — Mais, ma bien gentille chatte chérie, sans aller bien loin, ce matin même, quand tu me soutenais que l'artiste Paulin Ménier est blond.

Madame. — Oui, il est blond.

Monsieur. — Non, je te jure que tu te trompes, il est brun.

Madame. — Je vous dis qu'il est blond.

Monsieur, *cédant*. — Soit, je le veux bien.

Madame. — Oh! je ne tiens pas à vos concessions ironiques... Il est si facile de jouer la résignation quand on ne veut pas confesser qu'on a tort.

Monsieur, *patient*. — Eh bien! oui, j'ai tort.

Madame. — Vous avez l'air de l'avouer du bout des dents; tout autre, moins entêté que vous, viendrait dire : « Ma petite femme, je te demande bien pardon d'avoir soutenu que Paulin Ménier est brun... »

Monsieur, *perdant patience*. — Oui, oui, oui; mais, ma chère amie, restons-en là, je t'en supplie. Tu veux que Paulin Ménier soit blond? Alors, il est blond. Si tu le désires, il sera vert.

Madame, *rageuse*. — Vert!... Ah! dites donc, vous savez que vous ne parlez pas à une folle... Puisque vous le prenez sur ce ton-là, je vous soutiens en face qu'il est blond.

Monsieur, *un peu agacé*. — Oui, oui, il est même albinos. Es-tu contente?

Madame. — Votre albinos prouve bien que vous ne l'avez jamais vu, sans cela vous auriez reconnu qu'il est positivement blond.

Monsieur. — Mais, sacrebleu! je t'ai vingt fois déjà répété que je le connais et que je lui ai parlé.

Madame. — Vous vous faites donc traîner par lui dans les coulisses pour pincer les femmes?

Monsieur, *qui commence à trépigner*. — Ah! si nous entamons maintenant ce chapitre-là, nous n'en finirons plus. (*Voulant la paix*.) Tiens, Sylvie, nous ferions mieux de nous coucher.

Madame. — Tout cela ne m'apprend pas où vous avez connu le blond Paulin Ménier. (*Monsieur se promène dans la chambre sans souffler mot.*) Il serait plus poli de me répondre au lieu de faire claquer vos doigts comme si vous les aviez trempés dans la friture.

Monsieur, *cherchant à se calmer*. — Je t'ai dit déjà que c'était dans le passage Jouffroy, un jour de pluie ; nous étions pressés par la foule ; en me reculant, j'ai marché sur sa botte et je me suis retourné pour lui demander pardon.

Madame. — Ce me semble bien extraordinaire que ce soit justement sur la botte de Paulin Ménier que vous ayez marché.

Monsieur. — Il y a des hasards dans la vie...

Madame. — Et c'est alors que vous croyez avoir vu qu'il est brun?

Monsieur, *les yeux au ciel et les poings fermés*. — Oh!

(Il ne répond rien et arpente la chambre d'un pas précipité.)

Madame. — Vous avez beau montrer le blanc des yeux et vous raidir comme un élastique, tout cela n'est pas répondre.

Monsieur. — Mais, nom d'une pipe! que veux-tu donc que je te réponde?

Madame. — On me répond que j'avais raison.

Monsieur. — Je te l'ai déjà avoué deux fois.

Madame. — Oui, mais il y a manière de le dire.

Monsieur, *prenant un ton calme*. — Écoute, Sylvie, je suis un peu malade ; ainsi, je te demande grâce, ne continuons pas... Viens plutôt nous coucher.

Madame. — C'est bien facile, quand on a tort, de se tirer d'affaire en disant qu'on est malade. Et moi, est-ce que je ne suis pas malade aussi, depuis une heure que vous me tournez le cœur en vous promenant ainsi dans la chambre autour des meubles ?

Monsieur, *sentant la patience lui échapper*. — Tiens, j'aime mieux te céder la place.

(Il va s'enfermer au salon. — Madame, après l'avoir laissé un instant seul, ne tarde pas à le rejoindre.)

Madame. — Quand aurez-vous fini votre comédie ? Vous savez que je n'aime pas les gens boudeurs et entêtés. Est-ce ma faute à moi si j'ai raison ? Croyez-vous donc que je tienne beaucoup à ce que votre Paulin Ménier soit brun ou blond ? Seulement, puisqu'il est blond, je cherche quel intérêt vous pouvez avoir à prétendre qu'il est brun.

Monsieur. — Mais puisque je confesse qu'il est blond, laisse-moi donc tranquille, mille tonnerres !

(Il se réfugie dans la salle à manger.)

Madame, *le poursuivant*. — Vous pourriez au moins être poli et me répondre sans vos jurons de charretier. Parce que, monsieur — j'ignore pourquoi — feint d'avoir ses nerfs, il se croit dispensé d'être bien élevé.

(Monsieur se retire dans la cuisine.)

Madame, *le suivant*. — Et puis, vous savez, je déteste les gens rancuniers qui ont toujours l'air de ronger leur frein. Je préfère les gens vifs, qui ne cherchent pas à éterniser une bouderie; ils ont des moments d'emportement, c'est vrai; mais, au moins, la main tournée, ils ne pensent plus à rien... comme votre ami Bichard, par exemple.

Monsieur, *agacé*. — Oh! en voilà un que j'approuve... en ce moment.

Madame. — Hein! quoi? Que voulez-vous dire?

Monsieur, *cherchant à se modérer*. — Rien, rien, je me comprends... Mais, une dernière fois, laisse-moi tranquille.

(Il s'enfuit dans l'antichambre.)

Madame, *le pourchassant*. — Ah! vous approuvez votre Bichard, parce qu'il a flanqué un soufflet à sa femme!... Vous voudriez peut-être l'imiter, et vous vous figurez sans doute que je suis en pâte molle comme Aglaé?... Mais avisez-vous de me menacer, moi!... du bout du doigt seulement... Demain, vous ne seriez plus en vie! (*Venant le regarder sous le nez.*) Voyons, touchez-moi donc?... Je vous en défie! (*Il la repousse doucement sans mot dire.*) Ah! vous n'osez pas! Vous n'êtes pas assez courageux pour avoir cette lâcheté de battre une femme! Vous voyez bien ces ongles-là?... Je vous en découperais la face. Oh!

Monsieur, *encore maître de lui*. — Prends garde, Sylvie, tu viens de me fourrer un doigt dans l'œil!

Madame. — Voulez-vous bien me lâcher le poignet, ou je crie à la garde, à l'assassin et au feu tout à la fois?

Monsieur. — Alors, fais attention à tes mains.

Madame, *nerveuse au dernier degré.* — Ah! vous désirez m'assommer parce que Paulin Ménier est blond! Mais essayez donc... Je vous y engage... Essayez.

Monsieur, *avec expression de rage.* — Oh!

(Il sort sur le carré.)

Madame, *le suivant.* — Ah! vous êtes de ceux qui battent les femmes... Osez commencer avec moi.

(Il monte au deuxième étage.)

Madame, *montant aussi.* — Touchez-moi donc... Je ne demande que ça... Touchez-moi donc... (*Les poings et les dents serrés.*) Oui, oui, oui, oui, Paulin Ménier est blond... Maintenant, touchez-moi.

(Il grimpe au troisième étage.)

Madame, *sur le rythme de l'air des lampions.* — Il est blond, il est blond... Touchez-moi... Il est blond, il est blond.

(Au quatrième étage.)

Madame, *en folie furieuse.* — Il est blond, il est blond, il est blond... Mais touchez-moi donc, grand lâche!

(Monsieur voudrait encore monter, mais il reconnaît qu'il est arrivé au grenier.)

Madame. — Je vous disais bien que vous n'oseriez pas me toucher... Maintenant que vous m'avez attirée dans le grenier... loin des témoins... essayez un peu de me frapper! Je vous en défie!

Monsieur, *perdant la tête*. — Voyons, Sylvie, tu me rends fou! Je t'en supplie, tais-toi!

Madame. — Il est blond!

Monsieur. — Une fois!... deux fois!

Madame. — Il est blond, blond, blond!

Monsieur. — Trois fois!

Madame. — Archi-blond!

Monsieur, *exaspéré*. — TIENS!!! (*Il lui flanque un soufflet.*)

(Moment de stupeur. — Monsieur reste stupéfait de son acte de brutalité; mais la commotion a amené une crise salutaire dans l'état nerveux de Madame, qui fond tout à coup en larmes.)

Monsieur, *honteux*. — Sylvie, je te demande deux cent mille fois humblement grâce de...

Madame, *avec sanglots*. — Non, mon bon chat, c'est moi qui implore mon pardon de t'avoir agacé... J'avais tort... Maintenant, la mémoire me revient... Je confondais Paulin Ménier avec Mme Nilsson, la célèbre chanteuse de l'Opéra.

ÉPILOGUE

Le bruit de ce soufflet, retentissant dans le grenier, a réveillé tous les locataires de la maison qui ont cru que c'était la maîtresse poutre du toit qui craquait. Ils sont tous debout sur le seuil de leur porte au moment où les deux époux descendent tout heureux de la réconciliation. A leur passage, chacun les accueille par un sourire qui semble dire :

— Sont-ils enfants, et faut-il qu'ils s'aiment

pour aller ainsi se promener dans le grenier... comme les chats... quand ils ont leur chambre à coucher.

C'est ainsi qu'on écrit l'histoire.

LA RUSE

LE BIAIS DE MON PARRAIN

(LA RUSE)

Un fort singulier homme que mon parrain le baron!!!

Il se vantait bien haut de n'avoir jamais menti et de ne se connaître aucun ennemi. — Et quand je lui faisais remarquer combien peu la franchise contribue à nous conserver des amis, il souriait finement, et, me pinçant le bout de l'oreille, il me répondait de sa petite voix aiguë qui effrayait le chat de la maison :

— Mon enfant, tout peut se dire ; il faut seulement trouver un biais.

— Mais, parrain, il est des vérités pour lesquelles tout biais est vraiment impossible à trouver. Comment iriez-vous reprocher au vicomte de T... d'avoir abandonné une femme charmante, après quinze jours de mariage, pour retourner à une ancienne liaison. C'est roide à dire, cela.

— C'est l'A B C du biais, mon garçon. J'aborderais ton vicomte par un : « Ah çà, très cher, tu es donc un *grec*? On m'a dit que, voyant que tu n'avais pas beau jeu, tu as repris dans ton écart. »

Je demeurai extasié devant le biais de mon parrain.

Quinze jours plus tard, ma mauvaise étoile me mit en présence d'un médisant qui déchiquetait à belles dents la réputation d'une jeune fille, l'une de mes plus charmantes danseuses du dernier hiver.

J'eus l'imprudence de ne pas savoir contenir mon indignation ; on échangea les cartes, et le lendemain j'étais cloué sur mon lit par un superbe coup d'épée dans le flanc.

Le baron fut des premiers à me rendre visite.

— Tu as eu tort, mon garçon ; il ne fallait pas dire brutalement son fait à un monsieur qui manie si bien la lame. Tu as négligé le biais. Tu aurais biaisé que tu serais encore à cette heure sur tes jambes, mon cher filleul.

A quelque chose malheur est bon. Le motif du duel fut connu ; jeune fille et parents l'apprirent bientôt, et quand je me retrouvai solide, les portes de la maison s'ouvrirent pour moi à deux battants.

Jeune, jolie, charmante, pas pianiste, telle était l'enfant dont je m'étais fait le défenseur. Aussi, un mois plus tard, j'étais amoureux fou, et j'allais droit au père lui demander la main de sa fille.

Hélas! l'amour fait véritablement perdre la tête ! On oublie certains détails qui n'échappent pas à une personne de sang-froid comme l'était le papa.

Aussi sa première question fut celle-ci :

— Vous avez de la fortune ???

Sa question indiscrète me laissa presque interdit.

— Oui... oui... je ne suis pas sans argent, balbutiai-je.

Je sentis qu'il allait creuser la question. J'étais perdu. Une inspiration me sauva ; je songeai aux fameux biais du baron.

— Vous connaissez monsieur de V..., lui dis-je,

c'est mon parrain ; prenez vos informations près de lui.

— Parfait ! Le baron me suffit ; je le connais... un homme qui de sa vie n'a menti ! Ce qu'il me dira sera pour moi vraie parole d'Évangile, je vous le jure.

Je courus chez mon parent. J'eus l'éloquence d'un amoureux pour lui parler de l'idole de ma passion, de mes projets, etc.

— Très bien, garçon, c'est de ton âge ; mais rends-moi le service de me dire un peu en quoi tout cela me regarde.

— Ah ! voici, parrain. Le père m'a demandé si je possédais de la fortune. Comme j'avais vingt louis sur moi, j'ai répondu aussitôt que je n'étais pas sans argent, et...

Le baron sourit doucement : il me contempla avec cette intime satisfaction du maître qui voit progresser son disciple.

— Ah ! ah ! filleul, je reconnais que tu commences à pratiquer assez adroitement la théorie des biais.

— Ce n'est pas tout, parrain. En sentant que le père allait insister sur la question, j'ai pensé à vous et je vous l'ai détaché aux informations sur l'état de ma fortune.

— Comment, malheureux ! tu n'as pas deux cents francs de rente, et tu veux que moi..., qui n'ai jamais menti..., j'ose attester ta fortune !!!

— Sans attester positivement... il me semble qu'avec un biais... un de vos remarquables biais...

— C'est impossible ! Va te promener avec tes biais ! A-t-on vu un pareil gamin ? Venir me demander ainsi d'entacher à son profit toute une vie de loyauté!!!

A ce moment la porte du salon s'ouvrit, et je vis entrer un des bons amis de mon parrain, dont la première phrase fut :

— Cher baron, je viens pour réclamer de vous un immense service...

Ce visiteur était un homme d'une cinquantaine d'années, sec, nerveux, petit, aux gestes de ressort qui se détend, jaune comme un citron, rageur comme un chat-tigre, remuant comme une gélatine, et dont la vie se passait à grincer des dents. Après avoir habité les Indes, où il avait fait une colossale fortune, cet animal à peu près féroce était venu en France. Depuis le jour de son arrivée, il n'avait pas encore *déragé*, car il se heurtait à chaque instant contre ces mille petites entraves de notre civilisation qui sont inconnues aux Indes.

A son débarquement, le misérable avait pris femme, et il avait de l'amour..., si j'ose nommer amour l'épouvantable manière dont son atroce jalousie tourmentait une malheureuse qui, dans ses moments de repos, caressait l'idée du suicide.

Maintenant que mon homme est posé, esquissons la scène dont je fus témoin, à son insu, pour une grande partie; car, à son entrée, la porte, en se développant, m'avait caché à l'Indien, qui, actuellement assis devant le feu, me tournait le dos. — Je ris encore en songeant à ce singulier colloque entre la nature calme, fine et polie de mon parrain, et ce grossier salpêtre fait homme. Je croyais voir la fameuse scène de *Passé minuit*.

— A quoi puis-je vous être utile? demanda le baron.

— Que mille millions de tonnerres écrasent votre inepte civilisation qui défend de couper le nez à une femme!!! hurla d'abord le sauvage.

— Joli début! fit mon parrain dans une petite moue.

— Voici la chose, mon cher. J'ai apporté huit millions en France, et j'en possède aux Indes plus du double représenté par des comptoirs. Savez-vous ce que vient de faire cette misérable canaille de Thompson, mon homme de confiance là-bas?

— Naturellement il a levé le pied.

— Juste! De sorte que, pour ne rien perdre, je suis forcé d'aller aux Indes remettre tout en ordre et établir un autre gérant à la place de ce sacripant voleur!!! Oh! je mordrais dans du fer! Le vol, le voyage, l'ennui des affaires, tout cela n'est rien pour moi... mais c'est ma femme! malédiction!!!... c'est ma femme!!!

— Vous craignez le voyage pour elle?

— Eh! non... au contraire! et voilà où est ma stupidité, âne bâté que je suis! En l'épousant, je me suis engagé à ne jamais la conduire aux Indes (je comptais alors n'y retourner de ma vie); la clause a été mise dans le contrat, et aujourd'hui elle se cramponne à son papier timbré en refusant de me suivre. On dirait qu'elle regarde mon absence comme autant de bon temps pour elle, la méprisable créature!!!

— Alors, sacrifiez vos comptoirs et ne partez pas.

— J'aurais pris ce parti, si je n'avais trouvé un

autre moyen pour lequel je viens vous demander aide.

— Je suis tout oreilles.

— Il faut, baron, que vous me trouviez un garçon solide du biceps, fort à l'escrime, joli boxeur, ne buvant que de l'eau et ne dormant que d'un œil. Je lui donnerai trois mille francs par mois, l'habillement, la table et le logement.

— Oui, c'est une place de chien du jardinier qui ne mange pas la pâtée et qui empêche les autres d'y toucher.

— Précisément.

— Me permettez-vous une toute petite objection?

— Je la sollicite avec instance.

— Il est convenu que le chien du jardinier, qui écarte tous les autres de la pâtée, ne la mange pas lui-même. — Mais si, par hasard... il faut tout prévoir... un jour de faim canine, il lui prenait fantaisie de la manger, cette pâtée?

— Attendez donc, je n'ai pas fini. — En plus des avantages mensuels que je lui fais, je déposerai en son nom, chez un notaire, une somme ronde de trois cent mille francs, qui deviendra sa propriété à mon retour si je suis content de sa vigilance.

— Vous ne répondez pas à mon objection de tout à l'heure.

— Pardon. Vous comprenez bien que, pour cette prime de trois cent mille francs, je compte exiger qu'il me donne à son tour une garantie.

— Sa parole d'honneur, sans doute?

— Mieux que ça. Je lui demanderai de déposer un cautionnement entre les mains d'un médecin turc que j'ai amené en France...

Le baron bondit de surprise :

— Et c'est moi que vous chargez de trouver votre homme ? Mais vous me demandez tout simplement de vous découvrir le merle blanc, mon très cher.

— Il est bien évident que vous ne trouverez pas, si vous vous adressez à ceux qui tiennent à avoir des succès à la Richelieu dans les salons ; mais vous pouvez rencontrer un philosophe, un sage... revenu de bien des illusions... qui ne s'arrête pas à un détail et qui vise au solide ; car trois cent mille francs, c'est une jolie aubaine... surtout quand on n'a rien.

Le baron se frappa subitement le front :

— Tiens ! je n'y songeais pas ! On va souvent chercher bien loin ce qu'on possède sous la main.

— Vous avez mon homme ? demanda le sauvage.

Sans lui répondre, le baron s'était tourné vers moi :

— Eh parbleu ! garçon, voilà ton affaire !

(Je vous passe la surprise du mari qui, en se retournant, vit que sa confidence avait été écoutée par un tiers).

— Mon affaire, parrain ! m'écriai-je.

— Sans doute. Tu veux te marier et tu n'as pas le sou. Crois-tu pouvoir jamais rencontrer une plus belle occasion de gagner trois cent mille francs ?

— J'irai jusqu'à quatre cent mille francs, ajouta l'homme jaune pour me décider à devenir son mandataire.

— C'est ta position qu'on te met dans la main, appuya le baron.

— Elle est impossible à accepter!
— Alors, tu ne veux plus te marier?
— Mais si, mais si, parrain. Seulement, dans la proposition de monsieur, vous oubliez le détail.
— Ta, ta, ta, tu déplaces la question, mon enfant. Précisons, précisons. Tu ne peux te marier faute d'une dot; c'est bien cela, n'est-ce pas? Or, cette dot, on te l'offre: accepte-la. Que diable! qui veut la fin veut les moyens.
— Mais justement, parrain, c'est parce que je veux la fin que je ne puis renoncer aux moyens.

Le baron prit son air ébahi!

— Quelle singulière jeunesse nous avons aujourd'hui! De mon temps on aurait tout sacrifié pour la femme aimée, tout, oui, tout!
— Vous calomniez votre temps, parrain. On n'était pas si bête!

Notre débat fut interrompu par le sauvage, qui était resté muet pendant l'altercation. Il s'approcha de moi et me dit sèchement:

— Je vois où vous désirez en venir. Soit! je donnerai le demi-million; mais acceptez vite: car, je vous le jure, c'est mon dernier mot.

Comme il me barrait le passage, je le fis pirouetter, j'ouvris la porte et je m'élançai dans l'escalier, poursuivi par la voix aiguë du baron, qui criait: « Vit-on jamais pareil garnement! Insulter un galant homme qui lui offre une fortune! Singulière jeunesse que celle d'aujourd'hui! Et ça prétend aimer!

En quittant la maison du parrain, j'avais pris le chemin de mon domicile. Encore tout chaud de cette malencontreuse scène, je marchais comme un ouragan furieux, piétinant sur la robe des femmes, bousculant les portefaix chargés, distribuant des coups de pied aux chiens, parlant haut avec des gestes désordonnés, enfin dans cet état de fureur qui donne l'envie d'entrer chez un boucher pour mordre à pleines dents ces immenses quartiers de viande crue qu'il met en étalage. Peu à peu, la colère s'éteignit et le sang-froid revint. Alors, je me mis à réfléchir et je compris que mon mariage était devenu impossible. Non seulement le baron refuserait de donner au père, sur mon état de fortune, ces renseignements que lui interdisait sa loyauté d'homme qui n'a jamais menti, mais encore l'insulte que je venais de faire à son visiteur devait l'avoir exaspéré, et il allait dauber si bien sur mon dos, que le beau-père me prendrait tout au moins pour un détrousseur de diligences.

Arrivé devant ma porte, je n'osai plus monter chez moi. J'avais peur de me trouver seul entre quatre murs. Il me fallait la fatigue du corps pour endormir mon désespoir. J'allai par la ville, marchant, marchant toujours. Par quelles rues? dans quels quartiers? Je l'ignore, car la pensée voyageait aussi. Enfin je fus arrêté par la lassitude, et — c'est triste à avouer — par la faim, car il était près de dix heures du soir. J'entrai chez Bignon avec l'idée de demander des consolations à la bonne chère. Dès ma première cuillerée de potage, l'appétit fut étranglé net par cette pensée : « A cette heure, le papa doit avoir fait sa visite au baron, et tout est perdu... » Je n'avais plus faim. Je sortis, et j'aurais encore erré toute la nuit, sans la pluie qui se mit à tomber et me força de regagner ma demeure.

Le concierge guettait ma rentrée. Un pressentiment lui avait fait espérer qu'un gros pourboire suivrait la remise d'une petite lettre qui lui avait été apportée pour moi dans la soirée avec recommandation expresse de me la faire tenir aussitôt que possible. Au premier coup d'œil sur la suscription, je reconnus l'écriture de ma bien-aimée. « C'est mon arrêt de condamnation, me dis-je, et, dans la bonté de son cœur, elle a cru en adoucir la rigueur en me l'annonçant elle-même. » — Je pris la lettre et je montai chez moi sans m'inquiéter de cette main que le concierge tendait ouverte au large pourboire dont il s'était leurré. Je posai la la lettre sur ma table. A quoi bon l'ouvrir? Je n'en devinais que trop le contenu! Pendant une heure, je tournai autour de cette mignonne lettre qui parfumait la chambre de sa douce senteur... Je souffrais bien, je vous le jure! Je souffrais tant que je ne voulus pas me priver plus longtemps de l'unique consolation qui me restait : celle de baiser les petites pattes de mouche de mon ange. Ce fut dans cette seule intention que je brisai le cachet. Mes mains tremblaient, je sentais un pincement douloureux au cœur, mes jambes étaient en coton, mes yeux me piquaient.

Ah! chers lecteurs, la joie ne tue pas!!!

Non, elle ne tue pas; mais je ne comprends guère comment elle n'estropie pas, car, après avoir lu la lettre, je bondissais par ma chambre, cassant le lustre avec mon front, sautant sur les meubles, et je me souviens que j'étais perché sur le marbre de ma cheminée, à la place de la pendule, jetée à terre, quand je relus le charmant billet pour la vingtième fois... Lisons-le ensemble :

« Monsieur Gaston,

« Je n'ai pas voulu m'endormir en gardant pour
« moi seule une bonne nouvelle. Papa revient de
« chez M. le baron ; et il est tellement satisfait de
« ce que lui a dit votre parrain, qu'il doit demain
« matin vous écrire de venir causer à la maison en
« déjeunant.
« Bonne nuit.
                                « Berthe. »

Apprenez ce qui s'était passé :
Bien loin de me garder rancune pour la scène de l'Indien, le baron, qui s'était fort égayé de cette jalousie de tigre, avait eu regret du rôle qu'il m'avait fait jouer dans le trio. Son repentir l'avait donc mis dans les meilleures dispositions pour moi quand il reçut la visite du papa, qu'il connaissait de longue date. Tant qu'il avait été question de mon physique, de ma vie rangée, de mes qualités morales, le baron avait été prodigue d'éloges. Mais le père, homme à idée fixe, était enfin arrivé à cette terrible question :

— Notre jeune homme a-t-il de la fortune???

Le baron avait le culte de la vérité, mais, d'une autre part il me portait une sincère affection. Il sentait que de sa réponse dépendait mon sort. Se trouvant donc pris entre sa manie de franchise et son amitié pour moi, il s'était enfin décidé à sortir d'embarras en employant un biais, un de ces fameux biais :

— Si un seul renseignement vous suffit, je puis vous en donner un, avait-il dit au papa. J'ignore si mon filleul est riche ou pauvre, mais ce que je vous affirme, c'est que... pas plus tard que ce matin... ici même... devant moi... à un de mes amis qui lui en faisait l'offre... je l'ai entendu refuser un demi-million d'une propriété!

L'EFFRONTERIE

LE PÈRE D'ADOLPHE [1]

(L'EFFRONTERIE)

M. Michu est arrivé jadis à Paris en sabots, porteur d'une seule pièce de cinq francs qui était fausse. Cette première mise de fonds lui a suffi pour faire fortune, et aujourd'hui il est un des plus

[1] L'auteur, craignant que le *véritable* texte un peu trop épicé de sa fantaisie, si connue sous le titre de : « MICHU, LE PÈRE D'ADOLPHE » n'obtînt pas l'estampille de la commission du colportage, s'est décidé à en donner cette édition expurgée.

(*L'Éditeur.*)

riches propriétaires de La Villette. Malheureusement, avec toute son immense fortune, il est moralement resté ce qu'il était à son point de départ, c'est-à-dire un ours mal léché, sans éducation ni savoir-vivre, et jonglant d'une déplorable façon avec la langue française.

Les écus ne lui ont fourni qu'un phénoménal aplomb.

Il est resté veuf avec un fils auquel il a fait donner une brillante éducation.

Beau, bien fait, spirituel, gentleman parfait, Adolphe Michu s'est glissé, au noble faubourg, dans les salons de la duchesse de X, dont il aime la fille. Grâce aux millions du père, on a accepté la proposition de mariage du jeune homme qui, sachant que son papa, introduit chez la duchesse, y produirait l'effet d'un rhinocéros dans un bouquet de roses, s'est étudié à toujours l'écarter.

Annonçant que son père est en voyage, il espérait n'avoir à le montrer qu'à la signature du contrat, mais la duchesse lui a dit ce matin :

— Monsieur Adolphe, le mariage est annoncé pour la fin de la semaine, votre père doit être revenu enfin de son voyage ?

— Il est arrivé ce matin même.

— Alors priez-le donc de venir prendre le thé avec nous, rien qu'en famille, et nous pourrons ainsi faire plus ample connaissance.

— Je lui ferai savoir votre désir.

— Donc, à ce soir.

Ainsi acculé, le jeune homme se décide enfin à *lâcher* son père ; mais, après lui avoir fait part de l'invitation, il s'efforce de lui faire la leçon :

Tu sais ? c'est inutile de leur conter toutes tes affaires.

— Est-ce que j'ai l'habitude de gaspiller ma salive ?

— Non ; mais, dans ce grand monde, moins on parle, plus c'est bon genre.

— Sois tranquille, je sais causer avec ces gens-là ; j'ai causé avec Charles X et Louis-Philippe, moi ! — Ainsi, ne crains rien,

Après avoir arraché à son père la promesse de ne répondre que par « oui » et par « non », le pauvre garçon le laisse partir *seul*, car il n'a pas le courage de l'accompagner.

.˙.

A son arrivée dans le salon, où se trouvent déjà quelques personnes, M. Michu est allé s'asseoir dans un coin et n'a pas ouvert la bouche ; mais les étrangers s'étant peu à peu retirés, on reste en famille. Il est alors installé devant le feu, entre la duchesse mère et le vidame de Chartres, oncle de la demoiselle. Cette dernière brode à la lueur de la lampe placée sur l'angle de la cheminée.

La duchesse, *gracieuse*. —Monsieur Michu, aurai-je l'honneur de vous offrir encore une tasse de thé ?

Michu. — Non, merci ; déjà trois tasses, j'en ai assez de votre eau chaude, je suis amorcé comme une seringue. Parlons plutôt de nos enfants... Nous disons donc que la petite veut de mon gars ? Parbleu ! elle a le bec fin ? Elle sera heureuse avec lui...

si elle ne fait pas *la traînée* avec d'autres, bien entendu.

LA DUCHESSE. — Oh !!!

MICHU. — Non, non, ça irait mal; j'aime mieux vous le mettre dans la main tout de suite. Que lui faut-il pour être heureuse? Un mari prévenant? Il l'est, je vous en réponds; c'est une vraie chatte que mon petit... Allez, je connais Adolphe, moi... bon garçon, autant de jarret que de cœur (et ce n'est pas peu dire!) caressant au possible, mais rageur; v'là mon Adolphe!... Qu'elle ne se mette pas à frétiller avec un voisin et elle sera heureuse, je vous en donne ma parole! Et quand je donne ma parole, ce n'est pas du vent.

LE VIDAME. — Mais, nous ne...

MICHU, *interrompant*. — Oui, je suis un homme de parole! Levez-vous (je paye la voiture, si vous voulez), et allez à La Villette demander à quiconque : « Michu, qu'est-ce que Michu? » Tout le monde vous répondra : — C'est un homme de parole!... » Je n'ai pas reçu un boisseau d'instruction, moi (ce que je sais, je l'ai appris seul), je n'ai pas d'esprit, mais j'ai du bon sens, ce qui vaut mieux; aussi je vois juste.

LE VIDAME. — Nous...

MICHU, *interrompant*. — Oui, je vois juste. Tenez, à votre Charles X, je lui ai dit le 2 juillet de l'an 30 : « Changez vos ficelles, ou on vous flanquera de la pelle au dos. » Avais-je vu juste? hein! je donnerais mon œil que, sur la terre étrangère, il a dû se répéter : « Michu avait raison!... » C'est comme votre Louis-Philippe... Dans le commencement, c'était à qui lui donnerait des poignées de main;

moi, je me suis dit : « Laissons folâtrer le mouton. »
Eh! bien, monsieur, à dater de l'obélisque, il avait
déjà changé son fusil d'épaule!... J'ai vu juste tout
de suite : « Toi, ai-je pensé, t'as beau élever des
colonnes creuses le long des boulevards pour flatter
le peuple et donner de l'ombre, charrie droit, ou tu
auras également de la pelle au dos!... » Aussi, quand
est arrivée l'affaire du gueuleton de votre *baron
Odillot*, j'ai aussitôt compris qu'il y allait avoir de
la cuisine dans la rue. Huit jours après, ils lui flanquaient de la pelle au dos et ils faisaient bien, je les
approuve; seulement ils ont eu tort de brûler le
pont Louis-Philippe; parce qu'un pont, c'est un
monument, et qu'un monument, c'est l'histoire des
nations!

La duchesse. — Nous nous écartons...

Michu, *interrompant*. — Oui, ma bonne dame, un
monument, c'est l'histoire des nations! C'est si vrai
qu'en Égypte, quand les savants ont voulu les
transporter dans les salons du Louvre, Bonaparte
leur a dit : « Je vous défends d'enlever une seule
pierre des pyramides! » (Pudeur que n'ont pas eue
les Anglais, qui les ont emportées en détail dans
leurs goussets!...) Là, il a eu raison et cent fois
raison... L'affaire du duc d'Enghien, ça, c'est autre
chose...

La duchesse. — Qui n'a commis une faute en sa
vie?

Michu, *soupçonneux*. — Tiens, vous venez de vous
couper, ma petite mère.

La duchesse. — Oh! pouvez-vous croire...

Michu, *regardant le vidame*. — Alors, c'est donc
avec ce petit vieux-là... qui en a bien l'air, du reste.

La duchesse. — Non, le vidame est...

Michu. — Un vidame ! quel drôle de métier ! Est-ce permis ? (*Réfléchissant.*) Est-ce donc que vous faisiez allusion à ma défunte épouse, sacrebleu !

La duchesse. — Oh !

Michu, *interrompant*. — C'est que faudrait pas y toucher à celle-là ! Du côté de la vertu, on pouvait la manger, entendez-vous ?... Bonne et nerveuse (Adolphe tient d'elle), c'était une femme qui, en robe de soie, vous aurait posé trente sangsues à la contre-face d'un ouvrier malade ; mais s'il s'était permis de lui souffler un mot de travers, elle lui aurait fait avaler ses petites bêtes. Un vrai gendarme, quoi ! excepté pour son petit Trognon... et son petit Trognon, je vous prie de croire que c'était moi, bibi, votre serviteur... et pas un autre bonhomme !!! car je vous flanque mon billet qu'il n'y a pas au monde un second animal qui puisse se vanter que, même dans un moment de vin, elle lui ait dit : « T'es mon Trognon. » Oh ! oui, vertueuse... et en voilà une aussi qui voyait juste, la mâtine ! Ce n'est pas elle que vous auriez *épatée*, comme mon fils, avec votre fameux Tra-la-la, qui remonte aux croisades... Ah ! je les connais vos croisades ! Ce n'est pas aussi à moi qu'on monte le coup que c'étaient des combats contre les moricauds ! Allons donc ! c'étaient *les Eaux* de ce temps-là.

Le vidame, *les bras au ciel*. — Oh ! oh ! oh !!!

Michu, *interrompant*. — Faites donc pas votre discret ! puisque je vous dis que je connais le truc. C'étaient des malins, tous ces vieux-là, malgré leurs paletots en fer. Pour s'en aller en garçons se goberger là-bas, ils contaient à leurs bourgeoises qu'ils devaient se flanquer un coup de torchon avec les négrillons, puis ils se faisaient un sac en vendant un lopin de terre ou de bois, et ils allaient passer une *saison* en Palestine où un nommé Saladin, le Benazet du pays, donnait à jouer. Quand ils étaient rincés de leur *quibus*, ils écrivaient à la bourgeoise qu'ils étaient prisonniers. Mes malheureuses, pour avoir l'argent de la rançon, tricotaient des bas et brocantaient le reste des bibelots... Quand il n'y avait plus rien à *laver* au logis, mes gaillards revenaient raconter les prétendues peignées reçues par l'ennemi, et ils rapportaient à leurs femmes des cymbales qu'ils avaient gagnées à la toupie hollandaise... Ah! ils entendaient la noce en grand, ces rosses-là!... Faut avouer pourtant que leurs femmes étaient de rudes bêtasses! Ce n'est pas ma défunte qui en aurait gobé de ce numéro-là. Elle se levait et se couchait méfiante. Je l'entends encore quand elle me disait en mourant : « Ne marie jamais Adolphe à une famille susceptible des tribunaux. »

La duchesse. — Mais...

Michu, *interrompant*. — Oh! ne tremblez pas! Comme Adolphe ne peut vivre sans la petite, je veux bien ne point aller à l'épluchage, et je n'en demande pas plus long. Mon gamin m'a dit : « Ils veulent deux millions. » Allons-y... J'aurais préféré la petite moins blonde; mais vu que ce n'est pas moi qui épouse, mettons mon goût dans mes bottes... Je lâcherai leurs deux millions. Avec ça, on peut de temps en temps payer une bouteille à un ami ou aller passer quatre ou cinq jours en Italie à regarder des statues; sans compter que, trois fois par semaine, si la petite veut venir s'atteler au rôti du père Michu, elle trouvera encore à passer du bon temps et à chanter godichon. Vous savez que ce que je dis pour elle, je le dis pour vous, la mère, vous aurez votre rond... Je le dis aussi pour le papa.

La duchesse, *étonnée*. — Quel papa?

Michu. — Dame! monsieur ici présent... Ah! tiens, oui, c'est vrai... On dit le parrain... Adolphe m'avait prévenu... Va pour le parrain... Quelle drôle de famille! Est-ce que c'est comme ça depuis les croisades?... Allons, ne vous fâchez point, puisque je vous dis que je n'épluche pas... Ah! la mère Michu aurait été plus sévère!... Mais moi, je ne dis rien, du moment que la petite a enjôlé mon garçon.

Le vidame, *scandalisé*. — Oh!

Michu. — « Enjôlé » vous froisse? Mettons « abruti ». Je ne tiens pas à faire manquer l'affaire pour un mot leste. Ce qui plaît à mon fils me chausse aussi... Il aurait voulu épouser un bâton de chaise, je l'aurais laissé faire. Aussi, quand il est venu me dire : « Ils n'ont pas le sou, la mère a tout fricotté, et le vieux n'a plus que ses parchemins à sucer ; de sorte que la petite n'apporte que ses yeux et un peu de dentelles, » moi, j'ai répondu de suite : « Nous les requinquerons. »

La duchesse, *fière*. — Monsieur!...

Michu. — Point de remercîments... Vous n'avez pas le sou, j'ai de l'argent : nous mangerons au même râtelier... Vous viendrez habiter ma grande maison de La Villette ; cela vous fera l'économie d'un loyer, car je ne sais pas ce qu'on gagne dans les vidames, mais vous ne paraissez pas très calés... et nous la passerons douce en assistant au bonheur des enfants. (*A la demoiselle.*) Car tu seras heureuse, ma fille, heureuse et honorée... Oui, honorée!... Quand La Villette saura qu'elle est la fille du père Michu, elle pourra se promener en reine le long du canal... pas sur le côté droit, il est malpropre, mais sur le côté gauche... Seulement, les ouvriers s'y baignent en été. Ah! oui, heureuse! car elle aura un rude gars pour mari... tout mon portrait à vingt ans, mais avec le latin en plus... Oui, tout mon vrai portrait... et je ne me vante pas... car je vous aurais rencontrée alors, la maman, que je ne vous aurais pas laissé le temps de demander d'où venait le vent. Ah! le mariage fait, nous la mènerons bonne... pas à boire du thé, par exemple!... J'en ai assez de votre eau chaude; on y ferait infuser une armoire en noyer que ça aurait le même goût... Le vidame aura la clef de la cave, il se rattrapera. Nous vivrons unis comme les quatre doigts et le pouce... toujours des concessions... vous me passerez ma pipe et je vous parlerai de votre reine Marie-Antoinette, puisque c'est un besoin chez vous. Et puis, les petits-enfants viendront nous égayer, car j'aime les enfants. Je préfère les garçons... C'est moi qui les élèverai... J'en ferai de vrais Michu. Aussi ai-je dit à mon Adolphe : « J'ai encore un million pour toi le jour où tu me présenteras ton douzième garçon... »

La duchesse, *effrayée.* — Douze!!!

Michu. — Pourquoi pas? On ne se marie point pour rester les bras croisés, j'aime à le croire... Ma mère en a eu dix-sept... Il est vrai que c'était sous le premier Empire; elle voulait gagner la prime... une surprise qu'elle désirait faire à mon père. Moi, je suis moins exigeant... A douze, j'ouvre ma caisse...

Et puis, je connais mon Adolphe, c'est un garçon d'habitudes... Une fois le pli pris, la petite peut compter sur lui tous les ans, et le million sera si vite gagné qu'ils se diront : « Déjà ! »

Le vidame. — Permettez...

Michu. — Quoi? permettez quoi? On a l'air de vous demander un sacrifice à vous, le petit vieux. Vous vous tortillez depuis une heure comme si je disais des choses extraordinaires.

Le vidame, *impatienté*. — Voulez-vous, enfin, me permettre de placer une observation?

Michu. — Mais il me semble que je n'empêche personne de parler.

Le vidame. — Je crois que, tout en respectant votre légitime désir d'avoir des petits-enfants, si on restreignait à un chiffre plus raisonnable le nombre des...

Michu, *interrompant*. — Mais alors, à quoi ma bru s'occuperait-elle? Ce n'est pas à boire du thé, je l'espère bien !

Le vidame. — Non ; mais à son âge, tout en se livrant aux joies de la maternité, on peut y mettre une modération qui permette de s'adonner aussi à tous les autres plaisirs qu'aime la jeunesse, tels que le bal, les voyages, les théâtres, les réceptions qui absorbent le temps... de sorte que... si vous réduisez le chiffre à...

La duchesse. — A deux, par exemple.

Michu, *vivement*. — Je ne signerai jamais ce papier-là!!! J'aurais pu demander dix-sept... comme ma mère, mais j'ai dit douze... tenons-nous-y... je n'ai qu'une parole... Et puis, comme on l'a dit, les enfants, c'est la fortune du pauvre.

Le vidame. — Précisément... alors, comme, grâce à votre générosité, les jeunes époux ne seront pas pauvres, je pense qu'il faudrait les dispenser de ce passe-temps un peu... (*Cherchant son mot.*) un peu... un peu peuple.

Michu, *s'emportant*. — Un peu peuple! Vous allez reprocher au peuple ses enfants, vous!... Ah çà! dites donc, j'en fais partie du peuple, moi! Je suis venu à Paris en sabots... Ah! vous méprisez le peuple... mais vous êtes encore bien heureux de le trouver, le peuple, pour donner deux millions de votre demoiselle! — Si elle cherchait un mari dans les vidames, elle resterait peut-être longtemps à boire du thé, en attendant pareille aubaine! — Vous savez? pour ce que j'y tiens, mettons que vous n'avez pas connu mon Adolphe... je trouverai toujours bien à le caser, il est assez morceau friand pour que les demoiselles ouvrent la bouche. — Au reste, je m'attendais à un affront pareil! Quand Adolphe est venu m'annoncer la catégorie de son infante, je lui ai dit tout de suite : « Méfie-toi, ces gens-là nous regardent d'en haut, ils se figurent que le soleil a été créé pour eux, et, si on les laissait faire, ils afficheraient : « *Demain, grande fête nationale, On tirera sur le peuple.* » — Ah! je vois clair, moi, et vous vous trompez, si vous croyez m'avoir bouché l'œil avec votre thé. Cherchez ailleurs marchand pour votre demoiselle... Quant à moi, vous pouvez m'embrasser, car c'est la dernière fois que je fiche le pied chez vous, et si jamais quelqu'un vient vous dire : « Tiens, j'ai vu Michu arrêté à la porte de votre hôtel! » Vous répondrez sans hésiter : « Alors, c'est qu'il saignait du nez. »

1863.

L'OSTENTATION

MODESTE ASILE

(L'OSTENTATION)

~~~~~~

Lundi 6 *mai* 1862. — J'ai quinze jolies mille livres de rentes, et mon commerce — que je pourrais étendre, si j'étais le moins du monde ambitieux — me rapporte, bon an, mal an, une quarantaine de mille francs. Sans soucis ni chagrins, ma femme et moi nous sommes si complètement heureux que, pour un empire, je ne compromettrais pas un si fortuné destin.

Ce 12 mai 1862. — Je suis allé voir aujourd'hui mon vieil et intime ami Bidaut, ce modeste philosophe qui, content de ses mille écus de rente, s'est retiré à la campagne où il vit paisiblement avec sa femme... qui porte un peu les culottes. Nos dames sont également intimes.

— Qu'il ferait bon vivre ainsi, dans le calme des champs, avec de sincères et loyaux amis ! ai-je dit.

— Au fait, s'est écrié Bidaut, pourquoi n'achèterais-tu pas la bicoque en face de nous, de l'autre côté de la route ?

Puis, me prenant à part, il a ajouté :

— Et tu sais que tu ne ferais pas une mauvaise affaire. Vingt fois les gens du château ont offert au paysan de lui acheter sa masure et le jardin qui sont enclavés dans leur parc, mais notre homme abhorre les *aristos*, et aujourd'hui qu'il est gêné, au lieu de traiter avec eux, il préférera te donner sa chaumière pour un morceau de pain.

Nous avons été voir la maison. — Dix-sept cents francs !... c'est une misère ! — Pourquoi pas ? Ma femme et moi, nous sommes encore trop jeunes pour quitter les affaires, mais déjà assez âgés pour nous permettre un peu de repos. — Du samedi soir au lundi matin, nous serions là près de nos bons amis.

Nous aurions ainsi un pied-à-terre où nous viendrions nous reposer et *boire une tasse de lait*.

Juin 1862. — Mon jardin est grand comme un mouchoir de poche ; deux pieds de lierre et trois géraniums, qui suffisent pour l'orner, me dispensent d'un jardinier. — Quant à l'habitation, ce n'est pas une maison ni même une maisonnette, c'est une simple chaumière, un *modeste asile* où nous aurons tout uniment deux lits pour dormir, car nous comptons bien passer tout le jour chez nos excellents amis. — Notre vue serait assez triste si nous n'avions pas devant nous le potager des Bidaut, dont le mur peu élevé permet à l'œil de planer sur l'immense vallée où serpente la rivière.

Je ne ferai aucun frais pour *Modeste asile;* pas de papiers neufs ; des murs simplement blanchis à la chaux, c'est plus rustique. — Et puis, à quoi bon faire des frais, puisque, d'un instant à l'autre, le propriétaire du château va venir me faire une de ces propositions qu'il a tant renouvelées au paysan qui m'a vendu? — Deux lits doivent donc suffire amplement à notre installation.

Juin 1862. — Nous avions choisi dans notre mobilier de Paris les meubles strictement nécessaires pour les envoyer à *Modeste asile*, et nous avions comblé le vide par des meubles neufs. Mais près de ces nouveaux venus, le reste de notre mobilier nous a paru si peu frais, que nous avons pris le parti de tout envoyer à la campagne et de remeubler entièrement à neuf notre appartement de Paris. — La note du tapissier sera salée, mais je saurai me rattraper sur le propriétaire du château quand, à son parc, il voudra annexer *Modeste asile* que je lui vendrai tout meublé. — Outre de bons écus, cette affaire m'aura donné un mobilier neuf.

Charançois a promis de venir aider à notre installation ; il est aussi l'intime de Bidaut.

Juillet 1862. — Nous venons d'éprouver une affreuse peine de cœur. Charançois allait passer tous ses dimanches chez les Bidaut ; dimanche dernier, il dut se priver de ce plaisir pour nous aider dans notre emménagement. Tout était encore trop sens dessus dessous pour nous permettre de convier les Bidaut à un dîner improvisé sur un marbre de commode. Furieux, non seulement de n'être pas invités, mais encore d'apprendre que Charançois avait pris sa part de ce morceau mangé sur le pouce, les Bidaut (au dire de ma bonne, qui le tenait du jardinier) se seraient écriés : « Est-ce qu'ils vont déjà commencer à nous confisquer tous nos amis ! » Aussi, après huit jours écoulés, quand Charançois est venu frapper à la porte de leur salle à manger, Mme Bidaut lui a dit de son ton le plus aigre : « Tiens, je croyais que vous aviez pris pension dans l'*étable* en face ! » — Charançois a eu le tort de venir répéter le propos à Sylvie, qui a répliqué :

— Notre étable ! Est-ce qu'elle me prend pour une vache, cette mauvaise drogue-là ?

La laitière qui nous apportait notre fameuse *tasse de lait* a entendu le propos, qu'elle a bien vite couru rapporter à qui de droit.

Voilà donc nos dames à couteaux tirés.

Et dire que j'ai acheté *Modeste asile* pour vivre et mourir près des Bidaut ! !

De dix-sept cents francs que m'a coûté mon humble toit, je suis déjà arrivé à douze mille francs ; mais la masure vivra bien autant que nous, et je n'y ajouterai même plus un clou.

Septembre 1862. — Après deux mois d'absence, nous sommes venus prendre une *tasse de lait* dans notre *Modeste asile*. Notre vue sera bientôt complètement perdue, car les Bidaut ont méchamment fait planter sur la limite du potager une double rangée de peupliers qui, avant un an, nous masquera le paysage.

Le trajet de Paris à *Modeste asile* ne coûte que deux francs ; mais à chaque voyage nous avons à faire de deux à trois cents francs d'acquisitions utiles pour notre ermitage. — J'ai fini par regarder notre pied-à-terre comme un enfant que j'aurais mis chez une nourrice à la campagne, et pour lequel il faudrait, à chaque instant, porter du savon à ladite nourrice.

Modeste asile use pas mal de savon.

Octobre 1862. — La méchanceté des Bidaut a fait courir dans le village le bruit que nous étions des gens fort riches habitant une chaumière... par avarice. Nous avons la réputation de ne pas *faire vivre les gens du pays.* — Ce qu'on appelle ici « faire vivre les gens du pays », c'est se laisser tondre par ces naïfs villageois qui vous font payer trois fois trop cher les denrées ou les travaux dont un bourgeois peut avoir besoin.

Jamais un maçon n'entrera chez moi.

Demain nous quittons la campagne pour retourner passer l'hiver à Paris.

Avril 1863. — L'hiver a fui, et, après six mois écoulés, nous revoyons *Modeste asile*. — Nous donnons de l'air partout. En regardant le plafond recrépi l'an dernier, Sylvie a remarqué une grande tache ; c'est la pluie qui a pénétré à travers le chaume du toit entièrement pourri. Je veux faire recouvrir la maison — dépense utile dont je ne saurais me dispenser — et, par la même occasion, je substituerai l'ardoise à la paille, ce qui est une bonne précaution contre l'incendie.

Sylvie me donne un conseil. Pendant que nous faisons enlever la toiture, pourquoi n'exhausserions-nous pas la maison d'un tout petit étage qui nous permettrait d'offrir au moins une chambre à un ami ?

Mai 1863. — Le maître maçon m'a annoncé ce matin que les murs de *Modeste asile* sont si peu solides qu'ils s'écrouleraient à la moindre surcharge. Il vaudrait mieux construire une maison neuve. D'un côté, je ne tiens pas à faire une bâtisse coûteuse pour un jardin grand comme la main ; d'un autre côté, je ne veux pas abandonner *Modeste asile*, qui me revient déjà à une vingtaine de mille francs ; j'aurais l'air de fuir devant les Bidaut. Je pourrais bien m'agrandir en achetant le jardin voisin, qui appartient aussi à mon vendeur ; mais autant cet infâme paysan s'est montré coulant pour me céder *Modeste asile*, dont je n'avais que faire, autant il est rapace aujourd'hui que j'ai réellement besoin de son jardin. Il pleure à l'idée de vendre l'héritage de ses pères et augmente son prix de cent écus par heure. Malheureusement il faudra bien me soumettre à ses exigences. car l'espoir que j'avais de me défaire de *Modeste asile* est déçu. Le propriétaire du château s'est ruiné avec les *cocottes*, et, loin de chercher à augmenter son parc, il a le projet de le vendre.

Juin 1863. — Tout compris, terrain et construction, ma nouvelle demeure ne me reviendra pas à plus de 121.000 francs, ou plutôt à 138.000 francs, car Sylvie a eu l'heureuse idée de faire ajouter un second étage d'où nous planerons chez les Bidaut, qui vont rager de se trouver ainsi sous notre surveillance.

J'étais venu dans ce pays pour avoir un petit coin où je pourrais *boire une tasse de lait*, qui a fini par me coûter bien cher à sucer; mais, baste ! j'en serai quitte pour étendre un peu mon commerce, — et puis, à la campagne, on vit si économiquement !

Juillet 1863. — Mes projets d'économie ont été dérangés par la méchanceté de cette misérable M™° Bidaut. Cette mauvaise petite rentière n'a-t-elle pas eu l'audace de se faire nommer (en concurrence avec Sylvie) dame patronesse du comité de bienfaisance ! Aussi ma femme, pour faire rougir ces idiots paysans de leur choix, s'est-elle mise à couvrir le pays de bienfaits. Elle inonde les chaumières de mon vieux bordeaux et de mes bouillons ; les paysans malades ne veulent plus quitter le lit. Depuis le commencement du mois, elle a distribué deux cent quarante-sept chemises à des gens qui n'ont jamais eu l'idée d'en mettre une ; quand ils se marient, ils empruntent la chemise déposée pour cet usage à la mairie, où elle a été *fondée* par le grand Turenne.

Septembre 1863. — Cette bienfaisance exagérée, produite par la vanité blessée de Sylvie, nous coûte un gros argent, que j'aimerais mieux voir ma femme employer à soutenir notre dignité personnelle... comme je le fais en ce moment.

Après notre brouille avec les Bidaut, j'avais dû songer à me créer des relations de voisinage dans le pays, qui est tout peuplé de nobles. Je leur ai fait ma visite d'arrivée ; ils m'ont envoyé poliment leur carte, puis ils en sont restés là... Ils nous ont tenu dédaigneusement à l'écart, malgré les immortels principes de 89 !! Certes, ces messieurs sont libres d'agir ainsi, et je n'aurais rien dit sans un M. de Trougaillac-Gaillac qui, d'après le rapport de mon élagueur, s'est permis de dire qu'il ne frayait pas avec des *commerçaillons*. Mais je me suis vengé. C'est un homme qui aime à arrondir ses propriétés. Aussi, dès qu'il y a dans le pays un bout de champ ou un coin de vigne à vendre, crac ! je lui coupe l'herbe sous le pied. Je lui en ai déjà fait passer sous le nez pour 47.000 francs. — Ah ! un *commerçaillon !*

Octobre 1863. — L'hiver arrive, et nous allons quitter *Modeste asile*, qui, en terrains, bâtisse et aumônes, me coûte 214.000 francs.

L'OSTENTATION

Nous avons récolté deux melons, qui me reviennent donc à 107.000 francs la pièce. Avec son blason, je défie bien le Trougaillac-Gaillac, s'il lui

plaît, — d'en manger au même prix que son *commerçaillon*.

1ᵉʳ janvier. — Je viens de clore mon inventaire de 1863. Devant les dépenses inattendues que motivait *Modeste asile*, j'avais dû étendre mon commerce et entamer de grosses affaires avec Tunis ; l'année s'est liquidée par un bénéfice de plus de 80.000 francs. Avec un tel résultat, on peut se permettre quelques folies.

Sylvie vient d'envoyer, pour étrennes, deux cents chaufferettes aux pauvres de *Modeste asile*.

Avril 1864. — Mon journal de ce matin annonce que le château dans lequel est enclavé *Modeste asile* est à vendre sur une mise à prix de 900.000 francs.

5 *avril* 1864. — Mon jardinier m'écrit que M. de Trougaillac, qui est lié avec le propriétaire, est venu visiter son château en détail, et qu'il lui a dit :

— 900.000 francs, c'est beaucoup trop cher ! mais je vous parie que je vous fais trouver l'imbécile qui vous l'achètera !

C'est un finaud qui cache son jeu, je suis sûr qu'il a envie du château.

8 *avril* 1864. — J'ai reçu ce matin la visite de Pustard, le maître maçon de *Modeste asile*, qui travaille aussi pour M. de Trougaillac-Gaillac. Il paraît que ce dernier aurait encore dit :

— Cette fois, je suis certain que le *commerçaillon* ne viendra pas m'enlever le morceau, car il est trop dur à avaler pour lui.

Pustard m'affirme que les Bidaut ont dit aussi :

— M. de Trougaillac aura le château, puis il

donnera un bon prix de *Modeste asile*, qui ruine son possesseur, et nous en serons enfin débarrassés.

15 *avril* 1864. — J'ai écrit en secret au propriétaire pour savoir au juste le jeu du Trougaillac.

19 *avril* 1864. — J'avais bien deviné : le Trougaillac agissait en *sondeur*. Le propriétaire m'écrit qu'il lui a offert amiablement 950.000 francs avant l'adjudication — il se croit déjà si sûr de son fait qu'il parle d'adosser une vacherie modèle au mur mitoyen de *Modeste asile*.
J'ai immédiatement écrit au propriétaire que je lui offrais un million.

24 *avril* 1864. — J'ai enfin triomphé du Trougaillac ! Le château et son parc de 80 hectares sont à moi ; je vais les annexer à *Modeste asile*.

15 *mai* 1864. — Nous nous sommes installés aujourd'hui au château. — Au bout du parc, sur l'emplacement de *Modeste asile*, j'ai fait placer une grille pour la sortie des voitures. — Le fouet du cocher fait accourir chaque fois les Bidaut à leur fenêtre. Ils sont verts de jalousie, et la femme Bidaut cherche à se venger en nous faisant un geste qui semble vouloir dire que nous crachons plus haut que nous avons la bouche.

18 *mai* 1864. — J'apprends que l'ancien propriétaire a payé à M. de Trougaillac-Gaillac une commission de 100.000 francs. — Pourquoi???

Mai 1864. — Nous nous ennuyons fort dans notre *Modeste asile* AINSI AGRANDI, et qui me revient à un million et demi. Notre unique distraction est, après avoir dîné à la hâte, de courir au bout du parc prendre le café dans un kiosque d'où l'on aperçoit le chemin de fer. — A sept heures précises, nous avons la vue de deux trains qui se croisent. — Je sais bien qu'à la campagne tout devient distraction, mais pour 1.500.000 francs, ce seul amusement est coûteux.

30 *mai* 1864. — Épouvantable nouvelle ! — Par suites des troubles de Tunis, mon correspondant est en faillite. — Je suis presque ruiné, il faut vendre *Modeste asile*.

J'ai fait venir ce matin le paysan qui me céda ma première chaumière ; c'est un chef de bande noire.

Il m'a offert dix-sept cents francs !...

— Mais c'est mon premier prix d'acquisition de *Modeste asile*, qui avait alors un demi-arpent.

— Oui, monsieur.

— Mais, à ce demi-arpent, j'ai ajouté encore votre propriété voisine, puis un château et un parc de quatre-vingts hectares et cent dix arpents de vignes et prés.

— C'est possible, mais j'offre les dix-sept cents francs du premier prix d'acquisition, car monsieur doit savoir que tout l'argent dépensé pour l'*embellissement* d'une propriété est de l'argent perdu pour le propriétaire.

3 *juin* 1864. — Ce matin, j'ai reçu ce mot de

M. de Trougaillac : « Monsieur, de toutes vos propriétés en ce pays, que la vanité vous a fait payer à double prix, je vous offre sept cent mille francs comptants. »

4 juin 1864. — Les échéances arrivaient menaçantes, j'ai accepté l'offre de M. de Trougaillac.

4 août 1864.

L'AVARICE

LE ROTISSEUR DANS L'EMBARRAS

(L'AVARICE)

SCÈNE PREMIÈRE

MONSIEUR ET MADAME FRAICHOT

(La scène se passe, le lundi gras, dans l'arrière-boutique de M. Fraichot, le plus fort rôtisseur de son arrondissement. Ce digne commerçant est en train de compulser son grand-livre.)

M. FRAICHOT, *lisant d'un ton larmoyant.* — En 1865, la recette s'élevait à quatre mille cinq cent douze francs, les vingt pour cent de bénéfices se montent à neuf cents francs.

Mme Fraichot, *avec un sanglot*. — Quel malheur !

M. Fraichot, *d'une voix lugubre*. — Faisons maintenant le compte de 1866 :

518 oies grasses à cinq francs....	2,590 fr.
244 poulets à trois francs......	732
225 dindes à six francs	1,350
192 pigeons à deux francs......	384
	5,056 fr.

En ne tenant pas compte de la vente des « ABATIS » qui couvrent nos frais du jour, les vingt pour cent accusent un bénéfice net de mille francs. (*Avec rage.*) Fatalité ! fatalité !

Mme Fraichot, *que la douleur fait bégayer*. — La moyenne par année est donc de neuf cent cinquante francs !!! (*Elle éclate.*) Affreuse catastrophe !

M. Fraichot, *avec désespoir*. — La Providence s'est détournée de nous !

(Les deux époux pleurent en silence.)

SCÈNE II

LES MÊMES, MADAME CAMBOURNAC

Mme Cambournac, *entrant*. — Que vois-je ! madame Fraichot, de l'eau plein les yeux ! vous voulez donc y élever des poissons rouges ?

Mme Fraichot. — Ah ! mame Cambournac, ignorez-vous le malheur qui nous tombe dessus ?

M. Fraichot. — Vous savez bien, le vieux cousin qui vivait avec nous?

Mme Cambournac. — Oui, ce vieux sans âge, et si laid, que les juments pleines détournaient la tête. Eh bien?

M. Fraichot, *éclatant.* — Défunt! pour toujours!

Mme Cambournac. — Comment! vrai? il est mort!... et pourquoi? Exprès alors!

M. Fraichot. — Un caprice! hier, tout doucement... au moment où le gazier tintait pour éteindre le gaz.

Mme Fraichot. — Il a fait comme ça : *Pfuiii!* Moi, je croyais qu'il avait trop mangé; pas du tout, il rendait son âme.

Mme Cambournac. — O le pauvre cher homme!

M. Fraichot. — Maintenant faut être juste et dire que, depuis l'âge de vingt ans, il était privé de toutes les joies de ce monde.

Mme Cambournac. — Il était eunuque?

M. Fraichot. — Non, il était sourd, mais ça ne le gênait pas pour son état de dentiste.

Mme Cambournac. — Ça ne fait rien, je comprends que vous le pleuriez.

Mme Fraichot, *avec un profond étonnement.* — Oh! mais vous n'y êtes pas, madame Cambournac! les quinze cents livres de rentes qu'il nous laisse nous empêchent de le regretter; vous n'y êtes pas (*pleurant*), ça n'est pas ça.

Mme Cambournac. — Quoi donc, alors?

M. Fraichot. — Il est parti hier dimanche gras; aujourd'hui les formalités ont lieu — et il faudra l'enterrer demain *mardi gras*. Comprenez-vous maintenant, madame Cambournac? MARDI GRAS!!! c'est-à-dire le meilleur jour de l'année pour notre commerce! une recette forcée!

M{ume} FRAICHOT. — Et il faudra fermer la boutique! clore le four! arrêter la broche! (*Avec désespoir.*) Ah! le ciel est sévère pour nous.

M. FRAICHOT. — Un jour qui, depuis six ans, nous donnait un bénéfice moyen de mille francs? — et notez bien que j'oublie exprès l'an 1858 où notre concurrent du carrefour, le matin même, eut le *bonheur* de se pendre, ce qui nous a donné une recette exceptionnelle que je n'espère plus; car c'est une de ces chances qui ne se représente pas deux fois dans la vie d'un homme!

Mme FRAICHOT. — Oui, mais nous payons bien ça aujourd'hui! — Toutes nos provisions étaient faites, sans parler des vieux rôtis de la boutique qui *patientaient* toujours avec l'espoir de partir au au mardi gras!

M. FRAICHOT. — Nous voici, jusqu'à Pâques, avec douze cents volailles sur le dos qui n'hésiteront pas à se défraîcher.

Mme CAMBOURNAC. — Si on demandait à retarder la cérémonie jusqu'à mercredi?

M. FRAICHOT. — J'ai envoyé l'apprenti chez l'autorité, malheureusement on refusera! le pauvre cousin se *dépêche* trop. (*Avec regret.*) Il avait bien raison, le pauvre cher homme, quand, depuis trente ans, il nous disait que rien ne se conservait dans sa chambre!

SCÈNE III

LES MÊMES, L'APPRENTI

L'APPRENTI. — Patron, l'autorité a dit qu'il fallait agir sans délais.

LES DEUX ÉPOUX, *avec désespoir*. — Mille francs perdus !!!

M. FRAICHOT, *avec sincérité*. — Je ne suis pas un prodigue moi ! mais je donnerais bien de grand cœur neuf cents francs pour sauver le reste ! — même neuf cent cinquante francs !

Mme CAMBOURNAC, *s'écriant*. — Ah ! ah ! il me vient une idée !

TOUS. — Laquelle ?

Mme CAMBOURNAC. — Si on l'embaumait... Comme ça il pourrait temporiser, c't homme, — et on n'aurait rien à dire.

M. FRAICHOT, *avec élan du cœur*. — Ah ! madame Cambournac, vous êtes la manne qui nous tombe du ciel ! (*A l'apprenti.*) Ne fais qu'un saut chez l'embaumeur !

(L'apprenti prend sa course.)

SCÈNE IV

LES MÊMES, MOINS L'APPRENTI

Mme FRAICHOT. — Qu'est-ce que ça va pouvoir nous coûter ?

Mme CAMBOURNAC. — Je ne sais au juste, mais ça ne dépassera pas trois cents francs !

M. Fraichot. — Trois cents francs ! ça me parait cher !

Mme Cambournac. — Vous offriez tout à l'heure neuf cents et neuf cent cinquante francs !

M. Fraichot. — Je ne dis pas le contraire; mais je ne suis pas prodigue, je le répète, et trois cents francs ça me parait beaucoup d'argent... beaucoup trop d'argent !

Mme Cambournac, *d'un ton froissé*. — Ah ! dites donc, vous, je donne mon idée, moi, mais je ne gagne pas dessus.

M. Fraichot. — Je le sais, madame Cambournac; seulement il n'est pas défendu d'aller à l'économie, n'est-ce pas?

Mme Cambournac, *avec colère*. — Au fait, je suis bien bonne! Faites-en ce que vous voudrez de votre parent, je m'en bats l'œil ! (*S'animant.*) Pourquoi ne le mettez-vous pas tout de suite dans l'huile, comme les sardines... ou dans la graisse d'oie, ça conserve aussi ? — Pendant que vous y êtes, monsieur Fraichot, employez le procédé pour conserver les légumes qu'on fait sécher au four.

M. Fraichot. — J'y pensais à l'instant; mais, si nous travaillons, nous aurons besoin de notre four...

Mme Cambournac, *avec ironie*. — C'est fort malheureux, ma foi! car sans ça vous empochiez vos fameux trois cents francs !

Mme Fraichot. — Il me semble, Hector, que madame vous a indiqué un prix raisonnable...

M. Fraichot, *s'emportant*. — Toi, Eudoxie, tu ferais mieux de te taire ! Elle a dit trois cents francs au hasard, comme elle aurait tout aussi bien dit deux cents ! Elle n'en connaît pas plus que nous là-dessus. — Ça n'en coûte peut-être que cinquante ; qu'en sais-tu ?... Avant de jeter l'argent par les fenêtres, au moins faut-il s'en rendre compte... Il n'y a pas de loi qui empêche de compter, il me semble !

L'Apprenti, *accourant*. — Patron, v'là le saleur !
(Entrée de l'embaumeur, qui apporte son matériel.)

SCÈNE V

LES MÊMES, L'EMBAUMEUR

L'Embaumeur. — C'est bien ici qu'on a réclamé mes soins pour un sujet à perpétuer ? (*A Fraichot*.) Monsieur est le parent ?

M. Fraichot. — Oui, docteur ; je voudrais savoir ce que...

L'Embaumeur, *l'interrompant*. — Monsieur, nous avons d'abord l'*embaumement historique* pour souverains. Il est accompagné de procès-verbaux sur parchemin et de monnaies au millésime qui suivent le corps. Il se fait avec solennité, en présence de nombreux et notables témoins. Les instruments injecteurs sont en argent. — Son prix est de vingt mille francs. Ce n'est pas là, sans vous offenser, votre affaire.

Nous avons ensuite l'*embaumement d'étagère*, pour souverains de petits duchés et riches particuliers ; il est très demandé par les étrangers.

Le sujet, préparé avec soin, est placé sous un châssis en verre, et peut rester ainsi exposé dans la galerie des ancêtres de son château, en ayant soin toutefois de lui éviter le soleil et les variations trop subites de température. Ce travail est du prix de trois mille francs. Ces deux manières de procéder forment le genre *grandiose*.

M. Fraichot. — Moi, je voudrais du *petitdiose*.

L'Embaumeur. — Nous avons alors le travail fait en vue de l'inhumation. Il peut conserver trois siècles et plus. Moi je garantis la conservation et j'engage ma signature. C'est *l'embaumement de confiance*, du prix de mille francs. — Trois cents ans, songez-y ! — Ce genre vous plaît-il ?

M. Fraichot. — Oui, et si vous en donnez au détail, je vous en demanderai pour dix francs, attendu qu'il me faut un tout petit embaumement provisoire de trois jours.

L'Embaumeur, *avec raideur*. — Je n'opère pas pour moins d'un an, et alors je prends cent francs.

M. Fraichot. — Je m'adresserai à un autre.

L'Embaumeur, *avec ironie*. — Je n'avais qu'un collègue et je l'ai embaumé ce matin. — Vous décidez-vous pour cent francs ?

M. Fraichot. — C'est trop cher pour nos moyens.

M⁰ᵉ Fraichot, *bas à son mari*. — Vois-tu Hector, à vouloir trop gagner, tu nous feras tout perdre.

M. Fraichot, *bas*. — Mêle-toi de ce qui te regarde (*Haut.*) Docteur, est-ce votre dernier prix ?

L'Embaumeur, *qui se dirige vers la porte*. — Oui, cent francs. A un prix plus bas j'y perds, surtout si vous tenez à avoir de l'acétate d'alumine.

M. Fraichot. — Mais je n'y tiens pas le moins du monde.

L'Embaumeur, *revenant*. — Alors, si vous voulez bien vous contenter de simples injections d'eau, d'alun, de sel et de nitre, je puis vous passer le tout à soixante-dix francs.

M. Fraichot. — Tenez, docteur, moi, je suis rond en affaires; topez là pour cinquante francs, et c'est marché conclu.

L'Embaumeur. — Partageons la poire à soixante francs.

M. Fraichot. — Non, cinquante francs, je n'ai qu'une parole.

L'Embaumeur. — Alors, adieu, je ne travaille pas à perte.

Mme Fraichot, *bas à son mari*. — Ajoute les dix francs, ou nous allons perdre la recette.

M. Fraichot, *entêté*. — Je te répète de te mêler de ce qui te regarde.

Mme Fraichot. — Écoute, Hector, depuis huit ans tu promets toujours de me faire voir le *Courrier de Lyon*; donne les dix francs à monsieur et je te tiens quitte du *Courrier*.

M. Fraichot. — Tu t'y engages devant madame Cambournac?

Mme Fraichot. — Je le jure.

M. Fraichot. — Allons, je fais ce que tu veux. (*A l'apprenti.*) Conduis monsieur là-haut, et ne touche pas au sucrier.

SCÈNE VI

LES MÊMES, MOINS L'EMBAUMEUR

M. Fraichot. — C'était un sacrifice à faire, mais notre recette de demain est sauvée.

Mme Fraichot. — Après tout, le cousin nous

laisse quinze cents francs de rentes, nous devions nous montrer bons parents.

M. Fraichot. — Comme ça, mercredi, à tête reposée, nous le conduirons à Montmartre.

Mme Cambournac, *avec un bond de surprise*. — De quoi? à Montmartre! Est-ce que vous allez maintenant le mettre à Montmartre?

Mme Fraichot. — Pourquoi pas?

Mme Cambournac. — Vous allez le planter là! dans un terrain où tout s'abîme! Portez-moi-le donc au Père-Lachaise; à la bonne heure! voilà un cimetière qui conserve! Tout le monde vous le dira.

M. Fraichot. — Au fait, vous avez raison.

Mme Cambournac. — Quand on a dépensé de l'argent, on n'est pas fâché d'en profiter.

M. Fraichot. — Vous m'ouvrez l'œil et j'aviserai.

Mme Fraichot. — Il est bien longtemps là-haut, le docteur.

M. Fraichot. — Tant mieux! voyez-vous, il est nouveau dans le quartier, et il sait que, connaissant beaucoup de monde, nous pouvons lui procurer une jolie clientèle; je suis sûr qu'il va se piquer d'amour-propre et que, sans nous le dire, il va nous fourrer de son fameux acétate d'alumine qui est si cher.

Mme Fraichot. — Oh! comme tu connais les hommes!

M. Fraichot, *tout joyeux*. — Une chose qui me console, c'est que nous avons été au meilleur marché possible.

Mme CAMBOURNAC. — On voit bien que vous êtes de Normandie.

SCÈNE VII

TOUS LES PERSONNAGES

L'EMBAUMEUR. — C'est fini.

LES DEUX ÉPOUX, *avec désespoir*. — Pauvre cousin !

L'EMBAUMEUR. — C'est soixante francs que vous me devez.

M. FRAICHOT. — Les voici. (*Avec un sourire.*) Avouez que vous êtes heureux d'avoir affaire à un honnête homme ? car enfin je ne vous avais pas signé de papier !

Mai 1867.

LES PETITES LACHETÉS

L'AMANT DE COEUR

(LES PETITES LACHETÉS)

Bel-à-voir et Riche-en-laid étaient cousins.
Bel-à-voir était si beau, si beau, que les chiens s'arrêtaient à son passage.
Riche-en-laid était porteur d'une de ces figures qui font préférer le singe à l'homme.
Aussi leurs pères avaient-ils deux manières d'envisager l'avenir :
— Si Riche-en-laid tourne aux femmes, je suis ruiné ! disait l'un.

— Gare aux poulettes ! répétait joyeusement l'autre.

Quand les deux jeunes coqs eurent leurs ergots, ils prirent le chemin du poulailler.

.*.

Le soir même, Riche-en-laid exprimait sa flamme à une sévère beauté, qui lui répondit :

— Mon bon, quand on a votre figure, on ajoute quelque chose au bout.

A quoi Riche-en-laid répliqua :

— Ajoutons-y douze cents francs par mois.

.*.

Immédiatement, ou lui trouva une laideur expressive et intelligente ; il avait un faux air de Mirabeau.

La tigresse se fit chatte caressante.

La soubrette mit un tablier plus blanc, et, une lampe dans chaque main, reconduisit respectueusement monsieur.

Il était nommé à la charge ! ! !

.*.

Bel-à-voir, dès la veille, avait été enlevé par une jolie pécheresse, qui lui disait au fond d'un boudoir :

— Apprends-moi l'amour du cœur.

— Aussi, quand il voulut pendre la crémaillère de cette liaison :

— Rien, rien, lui cria-t-on, ton cœur seul, le reste regarde un vieux général.

.·.

C'est ainsi que les deux cousins s'engagèrent au Pays de Tendre par des sentiers différents. On disait d'eux :
L'un est un imbécile.
L'autre est un heureux mortel.

.·.

Pour ses douze cents francs par mois, c'est-à-dire quarante francs par jour, on fournit à Riche-en-laid bonne figure, sourires, complaisances et linge blanc.
On lui tenait les portes ouvertes à son heure et à son caprice.
On lui fit la réputation d'un homme qui sait vivre.
— Je vous dois ma position, je ne vous tromperais pas pour un empire ! lui disait-elle souvent.
On avait avec lui la politesse des apparences ; il était libre d'y croire.

.·.

Quant à Bel-à-voir, c'était autre chose.
Son esclave lui disait :
— J'attends le général, ne viens pas !

On le faisait entrer par la cuisine, où il guettait pendant deux heures la sortie du guerrier, en causant avec la bonne, dont il payait la discrétion deux cents francs par mois. — Il fermait aussi la bouche du concierge, du cocher, de la cuisinière, qui, pour le remercier, ne cessaient de lui vanter la générosité du général, qui était si riche.

A tout instant, le nom de son rival lui tintait aux oreilles.

Mais il se disait en regardant sa figure : « Le pauvre homme, quel sot rôle je lui fais jouer ! »

*
* *

Comme il était aimé, il devait flatter la vanité de l'ange.

Gantier, tailleur, bottier, gonflaient leurs notes.

Car il fallait être sans cesse en tenue d'homme aimé.

Riche-en-laid venait chez sa maîtresse en paletot sac et en bottes crottées qu'il étalait sur un divan.

Au matin, il la quittait par un simple : « A ce soir. »

Il descendait le grand escalier lourdement, en plein midi, à la vue du concierge, qui s'inclinait humblement, et il partait fumer son cigare, la chaussure propre et le linge frais, car il avait, chez la belle, place réservée pour un trousseau de rechange.

⁂

Les rares lendemains des nuits volées au général, Bel-à-voir, sur pied à la pointe du jour, demandait :

— A quand ?

On lui répondait :

— Je te le ferai dire.

Il descendait à pas de loup l'escalier de service, saluait le porteur d'eau ou charbonnier qui montait, et, se glissant le long des maisons en cachant sous son habit boutonné son linge frippé, il allait chez la fleuriste commander un bouquet de deux louis qu'il envoyait à titre de remerciements.

Car il était aimé pour lui-même.

⁂

Riche-en-laid disait à sa belle :

— Tu viendras à minuit me prendre à ma brasserie, où je passerai la soirée avec mes amis.

A l'heure dite, elle était là. On s'en allait à pied vers un but immanquable.

⁂

Bel-à-voir recevait un petit mot de sa victime :

« J'ai ma soirée libre, elle est à toi. »

Il courait retenir un joli coupé.

Ils s'enfermaient — à quel prix! — en un cabinet de Bignon pour dîner.

Puis on finissait la soirée dans un petit théâtre en une avant-scène de six places qu'on payait en entier pour être seuls.

On y grignotait quelques bonbons en respirant un gros bouquet.

Au cinquième acte, les tiraillements d'estomac la torturaient.

Le coupé, gardé à l'heure, reprenait la route de Bignon.

On y suçait une aile de perdreau et quelques fraises — au mois de janvier!

Puis elle disait tout à coup :

— Tiens, j'ai perdu mon bracelet!

Et Bel-à-voir avait grand'peine à lui faire accepter d'avance le bracelet qu'il promettait d'envoyer le lendemain.

Enfin l'heure du berger allait sonner, et quand son adorée attachait les brides de son chapeau, il calculait ce que lui avait coûté, bracelet compris, cette soirée passée dans *un petit théâtre*.

Trente louis!!!

Il avait à peine trouvé le total, que la soubrette entrait comme une bombe dans le cabinet en criant :

— Je cours après vous depuis deux heures! Le général est arrivé et il s'est couché en attendant madame.

Et l'homme aimé quittait sa belle pour ne pas lui faire perdre sa position.

. *.
. .

Le jour de la fête de Bel-à-voir, son esclave lui dit :

— Allons célébrer ce beau jour à la campagne, bien loin — mais ne prenons pas le chemin de fer, il est mal composé.

Il dépensa cent écus pour sa propre fête.

A la sienne, Riche-en-laid avait reçu un parapluie de sa victime.

. *.
. .

Riche-en-laid dînait-il chez sa conquête, petits plats de son choix s'entassaient devant lui.

A tout dîner pris chez sa belle — qu'il avait largement payé par vingt francs glissés à la cuisinière — le joli garçon mangeait les reliefs du général, car une voix amoureuse lui murmurait :

— On ne peut le jeter, il faut que ça soit mangé.

Un jour sonna l'heure de la rupture de cette double liaison.

A Riche-en-laid, on répondit :

— Je suis payée ; vous vous êtes conduit en galant homme.

Mais à Bel-à-voir, sa princesse en furie cria :

— Voleur !

Et elle lui détailla le compte de tout ce qu'il lui avait fait perdre.

Pour lui, elle avait refusé cinq mille francs que lui offrait M. A...

Elle n'avait pas accepté un mobilier de M. B...

Elle avait repoussé les diamants de M. C...
Elle avait dédaigné les chevaux de M. D...
Au total, cent vingt mille francs dont il lui avait fait tort.

— Est-ce que je n'ai pas bien agi avec toi? t'ai-je jamais demandé un sou? lui criait-on durant cette scène orageuse qui se termina par un :
— Va, tu n'es qu'un.....!
Et elle lui lança une épithète qui commence

comme « macadam » et qui rime avec « lapereau. »

* *

Quand les deux cousins rentrèrent au bercail, il fallut avouer les dettes aux pères.

D'un air piteux, Bel-à-voir confessa *soixante-quinze mille francs*.

Le père eut un soubresaut convulsif.

— Bigre ! c'est salé ! — avec ta figure surtout !

Mais comme, au dire du moraliste, le malheur d'autrui nous console, il ajouta :

Riche-en-laid, avec sa face de singe, doit avoir ruiné son père à plate couture.

* *

Ce dernier, à l'interrogation paternelle, prit la plume et fit cette simple addition :

Dix mois à douze cents francs :

Total, *douze mille francs*.

* *

Quand les deux cousins se rencontrèrent, le monstre demanda à l'Antinoüs :

— Quelle est donc cette femme qui t'a coûté tant d'argent?

— Pauline la blonde.

— Tiens, c'était la mienne !

— Comment ! c'était toi le général !

Pour quarante francs par jour, Riche-en-laid avait eu le dessus du panier, et même — à son insu un grade honorable dans l'armée.

Pour quatre cents francs par jour, l'autre avait acheté ses restes.

L'HUMEUR DE DOGUE

VENUS POUR S'AMUSER

(L'HUMEUR DE DOGUE)

~~~~~~~~

(M. et Mme Duflost sont intallés aux premières de face.)

Madame. — Pour une pauvre fois que vous consentez à me procurer un plaisir, je m'étonne, monsieur Duflost, que vous ayez eu si peu souci de mon bien-être. Un mari galant se fût assuré des places plus confortables; mais il paraît que vous vous êtes dit : C'est assez bon pour elle!

Monsieur, *étonné*. — Mais, ma chère amie, nous sommes aux premières de face; chaque fauteuil me revient à huit francs, et je cherche vainement où j'aurais pu trouver ces places plus confortables dont tu parles; car je ne puis croire que tu fasses allusion à la loge de l'Empereur.

Madame, *froissée*. — Comment! vous ne pouvez croire que je fasse allusion à la loge de l'Empereur? — A votre avis, j'y ferais donc tache??? — Ah! je ne vous remercie pas de m'avoir amenée au théâtre, puisque c'était pour m'y offrir de pareils compliments.

Monsieur. — Mais non, mais non, — seulement je réponds à ton reproche d'avoir négligé ton bien-être. Je me suis présenté à la location et j'ai dit : « Combien vos premières places? On m'a répondu seize francs, que j'ai payés avec empressement; on m'en eût demandé cinquante que le bonheur de te faire plaisir me les eût fait donner avec la même joie.

Madame. — Ainsi vous avez gaspillé seize francs sans même vous être assuré quelles étaient ces places!... de sorte que si, à notre arrivée, on nous avait ouvert le fond d'une armoire en disant : « Tenez, vous êtes placés là, sur la seconde tablette, » vous n'auriez eu aucune réclamation à faire.

Monsieur. — Oh! tu vas trop loin; il est bien évident qu'une place louée pour voir la scène n'est pas dans une armoire, cela tombe sous le bon sens.

Madame. — Merci pour le second compliment! Avec votre : « Cela tombe sous le bon sens, » on ne peut pas mieux dire à une femme qu'elle est folle. On voit que vos seize francs de places vous ont saigné le cœur, vous cherchez à me les faire cruellement payer. — Comme si c'était ma faute parce qu'un autre vous a fourré de pareilles places !

Monsieur. — On ne m'a rien fourré du tout ; j'ai moi-même choisi les numéros sur le plan qui se trouvait dans le bureau de location.

Madame. — Ainsi vous avez donné votre argent sans même demander à voir ces places pour vous assurer si les sièges en étaient plus ou moins moelleux.

Monsieur. — Mais il n'est pas dans l'usage de demander à tâter les sièges.

Madame. — Pourquoi pas? on tâte bien un poulet avant de l'acheter ; il devrait en être de même pour une place.

Monsieur. — Et puis, dans la journée, la plus profonde obscurité règne dans les salles.

Madame. — On exige une lanterne.

Monsieur. — Oh !

Madame. — Quoi? oh ! — J'ai l'air de réclamer une montagne ; vous n'allez pas me faire croire que, dans une ville comme Paris, il ne soit pas possible de trouver une lanterne. — Mais, vous, le plus petit effort coûte trop à votre galanterie, et peu vous importe qu'une pauvre créature — dont la loi vous a confié le bonheur et la santé — attrape une courbature sur un siège plus dur que pierre.

Monsieur, *avec empressement*. — Veux-tu que je dise à l'ouvreuse de t'apporter un coussin?

Madame, *avec dégoût*. — Pouah ! un coussin qui a servi à tout le monde ! n'est-ce pas? — Pendant que vous y êtes, pourquoi ne point aussi lui demander si elle n'aurait pas par hasard un vieux bouquet, bien fané et oublié, qui ait traîné pendant huit jours au fond d'une loge?

Monsieur, *galant*. — Tu sais, ma bonne, que si quelques fleurs peuvent t'être agréables, je vais m'empresser de...

Madame. — Si vous aviez la plus petite préoccupation de ma santé, vous sauriez que les parfums me rendent malade.

Monsieur. — Pardon, je l'oubliais.

Madame. — Je n'avais pas attendu cet aveu pour en être persuadé. Car, depuis que nous sommes ici, un mari un peu prévenant, qui aurait senti combien notre voisine empoisonne le patchouli, qui me tourne la tête, se fût empressé d'aller ouvrir la porte.

Monsieur. — Ma chère amie, je le ferais avec plaisir, mais la pièce est commencée, il faudrait faire lever tout le monde.

Madame. — Oui, il vous répugne de déranger des étrangers pour procurer un peu de soulagement à la mère légitime de vos enfants.

Monsieur. — Et puis je crois que ça établirait un courant d'air nuisible et que chacun s'empresserait de faire fermer la porte.

Madame. — Ainsi donc il faut que je tombe asphyxiée parce que le malheur me place à côté d'une voisine... peu fraîche.

Monsieur. — Chut! si on t'entendait!

Madame. — Mais oui, je le répète, peu fraîche.

Monsieur. — Chut, chut!

Madame. — Si elle était fraîche, aurait-elle besoin de s'inonder d'odeurs? Je vous le demande.

Monsieur. — Je n'en sais rien.

Madame. — Vous n'avez même pas le bon sens de Toinette, notre cuisinière.

Monsieur. — Grand merci!

Madame. — Dame! que fait-elle quand l'été lui donne à douter de la fraîcheur du poisson? elle nous l'accommode à la provençale... à l'ail... une odeur chasse l'autre. — Vous voyez bien que ce n'est pas sans raison que cette dame se couvre d'odeurs.

Monsieur. — Ne vas-tu pas dire qu'elle est aussi à la provençale?

Madame. — Je le préférerais; l'ail entête moins que le patchouli.

Monsieur. — Oui, mais le patchouli est une odeur reçue dans tous les salons.

Madame. — Les salons n'en sont que plus à plaindre. — Ah! je comprends pourquoi le mari de cette dame prise du tabac par poignées; car ce doit être son mari que ce grand sec qui est là avec sa bouche en cœur et sa main en pigeon vole.

Monsieur. — Il fait ce que nous devrions faire; il écoute attentivement la pièce.

Madame. — Avec ça qu'elle est amusante cette pièce! je n'en comprends pas un mot.

Monsieur. — Si tu écoutais un peu... au lieu de tant parler.

Madame. — Alors on ne peut donc plus ouvrir la bouche?

Monsieur. — Je ne veux pas dire cela... mais il est d'usage, la toile levée, d'écouter les artistes...

cela aide beaucoup à comprendre l'intrigue, m'a-t-on dit.

MADAME. — Elle est jolie, votre intrigue! une comtesse qui reçoit le premier venu... Allons, bon! les voilà qui se mettent à chanter. quand elle le reconduit.

MONSIEUR. — C'est ce qu'on appelle une sortie.

MADAME. — Est-ce qu'il est d'habitude de chanter à la ville chaque fois qu'on passe d'une pièce dans une autre?. — Et ils ont dit dans le commencement qu'il y a un notaire à l'étage en dessous... Eh bien! en voilà un qui doit avoir une étude tranquille, si la comtesse se met à chanter chaque fois qu'elle reconduit un visiteur! Pour peu que ses domestiques en fassent autant, cela doit bien réjouir le notaire... il a de la patience, le pauvre homme.

MONSIEUR. — Au fond, c'est une pièce bien observée.

MADAME. — Ah! ouiche! bien observée; ils ont partout des portes à deux battants, et toutes les fois qu'ils entrent ou qu'ils sortent, ils ouvrent les deux battants. Est-ce que c'est l'habitude d'entrer à la ville à deux battants, hein? Ils tirent donc les verrous à tous les coups? Et, au moins, s'ils la refermaient, leur porte... mais, non... ils la laissent ouverte derrière eux... elle se referme seule.

MONSIEUR. — On suppose qu'il y a de l'autre côté un laquais qui prend ce soin.

MADAME. — Alors il y avait donc un laquais dans la chambre à coucher de la comtesse quand elle y est entrée à deux battants... et elle venait d'annoncer qu'elle allait s'habiller... Jolie comtesse, merci ! Si c'est ça qu'on appelle les grandes manières du siècle de Louis XIV, je suis fière de n'être qu'une simple bourgeoise. Et ils vous demandent seize francs pour vous montrer cela !

Monsieur. — Tu est sévère.

Madame. — Pas le moins du monde; mais, puisque le théâtre est une école de mœurs, je ne veux pas qu'on crie dans la maison d'un notaire, ni qu'une comtesse s'enferme dans sa chambre à coucher avec un laquais. — Allons ! bien, en voilà un qui se met à danser à présent !!!

Monsieur. — Tu n'as pas entendu qu'il a dit : « Profitons de l'absence de la comtesse pour répéter le pas que je dois danser ce soir avec elle. » C'est pourquoi il danse.

Madame. — Et le notaire en dessous? on n'y pense plus alors. — Il faut qu'il ait bien peu cher de loyer pour rester dans une maison pareille ! Est-ce qu'il ne va pas monter?

Monsieur. — Tu m'en demandes trop.

Madame. — Ah ! Dieu ! qu'on est mal assise... je suis sûre qu'on était mieux jadis pour aller à l'échafaud. Je ne comprends pas la police, qui a tant témoigné d'intérêt pour les veaux qu'on mène à l'abattoir, et qui ne se préoccupe pas le moins du monde des spectateurs de théâtre. Si jamais on voulait faire passer cette banquette à la barrière, un douanier y casserait sa sonde... Tiens, qu'est-ce que celui-là qui entre chez la comtesse comme dans du beurre??

Monsieur. — il vient de dire qu'il n'a trouvé personne dans l'antichambre pour l'annoncer.

Madame. — Alors, qui a donc refermé sa porte

qu'il avait aussi ouverte à deux battants, puisque le fameux laquais n'y était pas?... Ah! voilà une comtesse qui est bien à huis clos quand elle s'habille... Elle aurait tout aussi court d'aller s'habiller dans le passage de l'Opéra... Je me demande pourquoi il ne prend pas au nouveau venu l'idée d'entrer dans la chambre à coucher de la comtesse pendant qu'il est en train de se promener chez elle... il faut espérer qu'elle aura au moins eu la la précaution de tirer le verrou... Ah! la maison est bien gardée... Pas même un portier... J'aime à croire que le notaire ne conserve pas de fonds chez lui.

Monsieur. — Si tu t'arrêtes à des minuties, le théâtre n'est plus possible.

Madame. — Ah! vous appelez des minuties de pouvoir entrer chez une dame qui s'habille... Du reste, je n'en suis pas étonnée. Pour vous, la décence est chose inconnue. Je suis même surprise que vous n'ayez pas encore quitté votre place pour aller aussi rôdailler chez la comtesse... Vous cherchez, sans doute, un prétexte en ce moment même?

Monsieur. — Tu es folle.

Madame. — Voilà plus de dix minutes que je m'attends à vous entendre me dire que vous avez un rendez-vous chez le notaire d'en dessous.

Monsieur. — Voyons, observe-toi, on nous regarde; tu oublies que nous sommes au théâtre.

Madame. — Ah! je m'étonnais ce matin de votre incroyable prodigalité d'aller dépenser seize francs pour me procurer un plaisir; je comprends maintenant votre triple but de me briser le corps, de m'empoisonner par le patchouli et de me pervertir le moral.

Monsieur (*Bas*). — Je t'en supplie, tais-toi.

Madame. — Vous vous disiez : « Maintenant qu'ils ont la liberté des théâtres, ils peuvent jouer ce qu'ils veulent et ils gangrèneront l'esprit de ma femme, dont ils feront une gourgandine comme cette comtesse, qui reçoit des populations entières.

Monsieur. — Je t'en conjure, tais-toi ; on rit de nous.

Madame. — Je ne resterai pas un instant de plus. Je veux aller immédiatement réclamer nos seize francs. — Ils déduiront un acte, s'ils en ont l'audace. Les théâtres devraient être payés comme les fiacres... à l'heure... On solderait en sortant ce qu'on aurait consommé... on ne serait pas ainsi obligé d'avaler toute la dose pour rentrer dans son argent. (*Regardant une dernière fois la scène.*) Tiens, ils embrassent tous la comtesse, quelle horreur !

Monsieur. — Mais puisqu'elle retrouve ses cinq frères perdus !

Madame. — Jamais on ne perd cinq frères d'un seul coup... Elle les appelle ses frères par un reste de pudeur...

Monsieur. — Si tu avais bien saisi l'intrigue, tu aurais compris que...

Madame. — Alors, je ne suis donc qu'une buse ?

Monsieur. — Je ne dis pas cela, mais...

Madame. — Je n'entendrai pas plus longtemps cette pièce... Je veux sortir.

Monsieur. — Attends le baisser du rideau.

Madame. — Jamais !

Monsieur. — Nous ne pouvons déranger tout le monde.

Madame. — Si vous refusez de me faire faire place, je piétine sur les genoux du public.

Monsieur. — Un peu de patience.

Madame. — Oh ! les nerfs !

(Elle tombe dans une attaque de nerfs. — Elle est emportée par son mari et par un voisin, officieux et inconnu, jusqu'à une voiture.)

L'Inconnu, *en quittant Duflost*. — Monsieur, si vous aviez besoin de mes bons soins pour votre dame, voici ma carte.

Duflost, *lisant* : BRAS DE FER, dompteur de bêtes féroces.

LA MISANTHROPIE

LE PENDU PAR CONVICTION [1]

(LA MISANTHROPIE)

En 1786, le prieur de l'abbaye d'Épernay avait le nez fin. — Prévoyant l'orage révolutionnaire, il s'était économisé, sur les bonnes œuvres, un petit pécule.

[1] Cette humoristique fantaisie, parue dans le *Figaro*, a eu l'heureuse chance d'être traduite en quatre langues. (*L'Éditeur.*)

Le magot, enfoui au fond d'un pot, sous une couche de graisse d'oie, fut découvert par son valet Alfred, un jour de pain sec.

*
* *

Cette trouvaille étonna tant Alfred qu'il l'emporta chez lui pour bien s'en rendre compte. — Il eut deux torts: celui de faire un vol et celui de n'en pas profiter. — Bientôt pris, dépouillé, condamné à la corde, on l'expédia au Châtelet, à Paris, pour la ratification de la sentence.

Reconnu bon à pendre, il fut remis dans le panier des Messageries, et, sous la garde d'un officier de robe courte, reprit le chemin d'Épernay, où devait avoir lieu l'exécution.

En route, il s'échappa.

*
* *

Dormant le jour, fuyant la nuit, le malheureux, qui se croyait bien loin, fut désagréablement surpris, à la fin de la quatrième nuit, en se retrouvant sur la place d'Épernay, au pied de l'abbaye.

Le jour allait poindre. — Il résolut de se cacher dans la gueule même du loup.

Par une certaine brèche, il rentre dans cet établissement dont il connaissait depuis son enfance les coins les plus reculés, — surtout ceux où l'on ne mettait jamais le pied.

On était à matines.

Il se glisse vers l'endroit où s'accrochait la clef

du clocher, s'en empare, grimpe l'escalier et s'installe au-dessus de la voûte de l'église.

Personne ne devait venir le trouver là.

. * .

Comme Robinson Crusoé allant au vaisseau, Alfred, chaque nuit, partait, dans l'ombre, aux provisions. — Vivres, linge, meubles et quelques bons livres ; en cinq voyages, il compléta son ménage.

Puis, tout à fait établi, il se dit :

— Maintenant, je puis vivre heureux jusqu'à la vieillesse la plus avancée.

. * .

Le premier jour, il avait regardé par une lucarne.

Sur la place, il avait vu la potence qui semblait lui tendre les bras.

— Pouah ! fit-il, ça lève le cœur !

C'était une charpente humide, sombre, d'un aspect hideux — du moins elle lui parut telle — car il pleuvait, le ciel était noir ; un de ces temps durant lesquels on n'a de goût pour rien.

— Plutôt mourir qu'être pendu ! ajouta-t-il.

Et il referma la fenêtre.

. * .

D'abord, tout alla bien.

Il mit ses petites affaires en ordre.

Il troussa quelques vers.

En un mot, il s'occupa.

Le manque d'exercice le fit souffrir, car il n'osait remuer. Au moindre mouvement, le bruit de ses pas éveillait l'écho de la voûte sonore.

C'était le vrai moment de faire du trapèze, mais ce silencieux instrument d'exercice lui manquait.

Enfin l'ennui le gagna.

Il voulut se distraire.

Il retourna donc à sa lucarne.

.*.

Le temps s'était éclairci.

Le gibet lui parut moins sinistre.

— Tiens! s'écria-t-il, il est neuf! en vrai cœur de chêne.

Il remarqua les coupes d'onglet, le chevillage, la solidité.

— J'en aurais eu l'étrenne! ajouta-t-il.

Il pensa aux cinq cents criminels, lui succédant à ce gibet, qu'on aurait vite oubliés. Son nom seul aurait survécu, car il faisait date, et les habitants d'Épernay se seraient toujours dit : Il a été étrenné par Alfred.

Sa vanité fut légèrement chatouillée.

La Postérité!!!

Quand il quitta la lucarne, s'il n'avait pas entièrement pardonné à la potence, il consentait du moins à la voir.

⁂

Il s'était d'abord dit : Je vieillirai ici.

Bientôt il espéra qu'un jour, dans de longues années, il pourrait peut-être quitter son refuge.

— Créons-nous donc un état pour cette époque, pensa-t-il.

Et il se mit à apprendre par cœur le *Code du parfait notaire*.

⁂

Le quatrième jour, qui était le dimanche des Rameaux, Alfred s'éveilla tard et fort malade.

Les tempes lui battaient avec force, sa vue se voilait, son cerveau craquait; il était terrassé par cet épouvantable mal qu'on appelle la migraine.

Sa souffrance était atroce.

Il en chercha la cause.

On célébrait en bas le service divin, et les fumées de l'encens qui montaient à la voûte, passant par les crevasses, venaient emplir son refuge de ce lourd parfum.

Horreur !

Alfred détestait les odeurs... même mauvaises.

⁂

Alors il se prit à réfléchir.

— Pâques arrive à la fin d'avril, puis nous entrons en mai, le mois de Marie; fleurs et encens à profusion. Que vais-je devenir?

Il eut froid à la pensée des horribles souffrances d'une future migraine de six semaines de durée, et murmura :

— On dit que la pendaison est un plaisir!

.*.

Ses réflexions furent interrompues par un bruit étrange :

— Pschit! pschit! pschit! pschit!...

Il reconnut un mélange de chuchotements.

C'étaient les vœux des fidèles qui, portés par les nuages d'encens, traversaient la voûte en montant au ciel.

Alors il écouta ces prières au passage.

Ce qu'il entendit était si ignoble, si infâme, — tant de mauvaises pensées se cachaient sous d'hypocrites paroles, qu'il s'écria :

— Voilà donc ces gens qui veulent me pendre!

Il eut horreur de ces justes.

.*.

En ce moment, sa fiancée entrait.

— Celle-là est bonne, se dit-il.

Il écouta au passage la prière de sa bien-aimée :

— Seigneur, si on retrouve mon Alfred, faites que j'assiste à ses derniers instants!...

— Elle t'aime! lui souffla son cœur.

Mais elle continuait :

— Car on dit que la corde de pendu porte bonheur dans le choix d'un mari.

Sa dernière illusion était éteinte, et, comme la rage l'étouffait, il gagna la lucarne pour respirer l'air.

* * *

La nature était en fête.

Sous le lumineux éclat d'un resplendissant soleil, la potence paraissait svelte et coquette.

Une fauvette gazouillait, joyeuse, en se balançant mollement sur la corde fraîchement savonnée.

Ce gibet avait une certaine tournure d'escarpolette.

Ça donnait appétit.

Au pied se tenait un homme qui, la main placée en visière sur ses yeux, regardait au loin la route d'Épernay à Paris, qui s'allongeait à l'horizon comme un ruban d'argent.

C'était le bourreau qui attendait toujours son client.

Cette vue lui rafraîchit le cœur.

— Au moins, celui-là s'intéresse à moi, pensa Alfred ; je ne suis donc pas seul en ce monde !

Puis il ajouta :

— Il a étudié à Paris. En dix secondes, il m'expédierait !

(De tout temps, Paris a exercé un certain prestige en province.)

⁂

Il caressa de l'œil cette potence qui semblait lui dire :
— Ingrat !
Mais, avant de partir, il voulut analyser à froid pour quelles décevantes espérances de bonheur il avait un instant tenu à la vie.
Il trouva :

> La famille,
> La gloire,
> L'argent,
> Les femmes,
> La poésie,
> Et la table.

⁂

Pour toute *famille*, il ne laissait derrière lui qu'un oncle propriétaire... de deux abrutissants défauts :
Il était bête et il avait de la mémoire.
Il vous infligeait donc sa propre bêtise et se faisait l'écho de celle des autres.

⁂

La *gloire* ne lui parut plus que l'unique prétexte pour détruire par masses, en plein midi et à grand bruit, cette pauvre race humaine qui se fabrique peu à peu dans l'ombre et le mystère.

Le reste n'était plus qu'une question de passementerie.

Il se mit à rire au souvenir de ces vaillants enragés qui, faute de balles, s'arrachaient les dents pour en charger leurs espingoles.

.˙.

Il vit *l'argent* entre les mains de trois ou quatre fripons, momentanément adroits, qui, ne pouvant épouser la fortune, l'avaient violée un beau matin dans une ornière.

La justice leur faisait rendre gorge.

.˙.

Il songea aux *dames* d'Épernay qu'il habilla, dans sa pensée, du seul manteau de leur vertu.

Beaucoup criaient : « On gèle. » Et elles s'enrhumaient.

Il pensa à leurs maris qui, devant un tiers, n'osaient plus dire : « *Ma moitié.* »

Les plus philosophes disaient : « *Notre femme,* » comme les paysans.

.˙.

Il reconnut *les Muses* toujours gueuses.

Mais toujours vierges, faute de dot.

⁂

Sur *la table*, il vit tous les produits falsifiés.
La saine tradition du rôti abandonnée.
Venaient les ragoûts et les sauces.
Un cortège de médecins les suivait.

⁂

Alors, il s'écria :
— La cuisine s'en va! Suivons-la.
Il prit la rampe de l'escalier et descendit.
A moitié route, il s'arrêta pour voir une dernière fois le ciel.
Un petit nuage lui fit craindre la pluie pour le soir.
Il retira sa veste des dimanches et remonta prendre son sarreau.
Arrivé sur la place, il chercha des yeux le bourreau, son seul ami...
Ce dernier s'éloignait.
Faute d'ouvrage et chargé d'une nombreuse famille, le pauvre homme allait au Mont-de-Piété engager la croix de sa mère et la bannière de son père. — Car, en ce temps-là, la croix et la bannière marchaient encore ensemble.
En reconnaissant Alfred :
— Je désespérais presque, lui dit-il avec un doux sourire.

.˙.

On sortait de l'église.

Le condamné eut un mouvement de mépris pour cette foule qui s'amassait au pied de la potence.

— En me voyant pendre, tous ces gens-là vont se croire honnêtes, se dit-il.

Comme, après tout, c'était un public, la vanité s'en mêla.

Il eut peur de mal trépasser.

— Est-ce dur? demanda-t-il tout bas à son ami.

— A la longue, non.

En gravissant l'échelle, l'ami, comprenant qu'il lui devait au moins une politesse, lui dit :

— Tu es un bon garçon, j'offre un petit verre d'anis.

A quoi Alfred répondit :

— Non, merci ; je l'aime, mais il m'incommode pendant deux jours.

Dix secondes après, il était accroché.

.˙.

Quant à la corde de pendu, qui devait tant

porter bonheur, de mains en mains, elle arriva dans celles de Lapeyrouse, qui partait sur *l'Astrobale*.

Juin 1862.

LA GOURMANDISE

UN AMI DE TRENTE ANS

(LA GOURMANDISE)

~~~~~~

M. Lemadru, célibataire sans maison montée, ayant reçu une magnifique poularde truffée, l'a envoyée aux époux Dubourg, vieux amis de trente ans, chez lesquels il va dîner tous les jeudis. — Placée sur la cheminée du salon, la bête a mûri peu à peu, à la grande joie des deux époux, qui, d'heure en heure, l'œil humide et la langue rodant sur les lèvres, viennent suivre les progrès de cette gangrène embaumée que développe la truffe.

Le bienheureux jeudi est enfin arrivé !!!

On procède à la toilette de la poularde qui, à quatre heures précises, *voit* le feu.

.*.

Au moment de débrocher, les deux époux reçoivent le billet suivant :

« Mes bons amis,

« Une affaire importante me prive du plaisir d'aller dîner chez vous. Je viendrai demain vous demander à déjeuner ; gardez-moi une aile de la volaille.

« Votre vieil intime,

« Lemadru. »

A cette lecture, les époux s'écrient aussitôt avec un sincère élan de cœur :

— Nous lui garderons la bête entière !
— Un ami de trente ans ! dit madame Dubourg.
— A qui nous devons notre fortune ! ajoute le mari.
— Qui t'a sauvé la vie !
— Qui nous a donné cent preuves d'affection !
Et les deux époux de répéter ensemble :
— Oui, oui, nous lui garderons la bête entière !!!

.˙.

Mais ce fâcheux contre-temps a coupé net l'appétit des Dubourg, qui dînent du bout des lèvres. Le soir, c'est presque à jeun qu'ils se mettent au lit, après avoir été faire un dernier et pieux pèlerinage à la poularde placée sur le buffet.

Au milieu de la nuit, M. Dubourg, que la faim tient éveillé, s'aperçoit, à la lueur de la veilleuse, que sa femme ne dort pas.

Monsieur. — Je pensais à...

Madame. — Et moi aussi.

Monsieur. — La sens-tu?

Madame. — L'odeur des truffes arrive par les tuyaux du calorifère.

Monsieur. — As-tu bien fermé les portes? car si le chat...

Madame. — Ciel! tu m'épouvantes! tu devrais aller voir. (*Le mari saute du lit et revient avec la poularde, qu'il place sur la table de nuit.*)

Monsieur. — Plus de peur que de mal! j'en ai eu froid dans le dos!

Madame. — Comme elle a bonne mine!

Monsieur. — D'autant plus bonne mine que nous mourons de faim.

Madame. — Volontairement! car Lemadru nous a bien laissé maîtres d'en disposer entièrement.

Monsieur. — Sauf une aile!... il est vrai que c'est le meilleur morceau.

Madame. — Lemadru a du goût.

Monsieur. — Tu pourrais bien dire de la gourmandise.

Madame. — Soit! mais il se contente simplement d'une aile, tandis que toute la bête est à lui.

Monsieur. — La colonne aussi est à l'Empereur; seulement on peut y toucher!

Madame. — Mais nous pouvons toucher à la poularde!

Monsieur. — Allons donc! Je connais mon Lemadru! Il a l'air comme ça bon garçon, mais, au fond, il est susceptible au possible.

Madame. — Non, non! je suis sûre qu'il ne soufflerait mot si nous mangions un simple petit pilon.

Monsieur. — Chacun?

Madame. — Naturellement.

Monsieur. — Alors il faudra lui dire que c'est la mère qui est venue nous demander tout à coup à dîner, en traversant Paris pour aller d'Amiens à Nice.

Madame. — A quoi bon? Tu as l'air d'avoir peur de Lemadru...

Monsieur. — Moi? peur!... que ce pilon m'étouffe, si j'en ai peur! Il faudrait un autre homme que lui! Avec ça que, depuis trente ans, je n'ai pas été à même de le juger? C'est un bon garçon, oui; mais un courageux... autre affaire!

Madame. — Je m'en doutais; il fait trop parade de sa bravoure.

Monsieur. — Il est si menteur!

Madame. — Tu ne sais pas ce que nous pouvons faire?

Monsieur. — Quoi?

Madame. — Mangeons aussi le croupion ; nous dirons que ma mère était accompagnée de mon frère.

Monsieur. — Mieux que cela ! détachons de suite le bonnet d'évêque, et nous ajouterons que ton frère était aussi avec sa femme.

Madame. — Convenu ! seulement, nous ne toucherons pas aux truffes.

Monsieur. — Nous les garderons toutes pour notre vieil ami.

(*Moment de silence, qui n'est troublé que par le bruit des mâchoires.*)

Madame. — Quel vin ferons-nous boire à Lemadru avec *sa* poularde ? J'avais songé à notre vieux beaune.

Monsieur. — Y penses-tu ? il nous en reste à peine six bouteilles ! Mieux vaut les garder pour quand nous aurons des étrangers. — Si nous devons nous ruiner pour cette poularde, elle n'est plus un cadeau.

Madame. — Mais il me semble que Lemadru vaut bien la peine...

Monsieur, *interrompant*. — Alors, s'il faut se gêner avec un ancien camarade, ce n'est pas la peine d'avoir des amis.

Madame. — Oui, mais un verre de bon vin fait toujours plaisir.

Monsieur. — Il se soucie bien de ton bon vin ! — et pour cause ; — il y a longtemps que sa très mauvaise santé lui commande l'eau rougie.

Madame. — Lui ! il a l'air de si bien se porter...

Monsieur. — Il fait semblant... par vanité. Ah ! on ne passe pas impunément vingt bonnes années de sa vie à ripailler et à troubler les ménages, sans payer cela tôt ou tard ; — s'il en était autrement, le ciel ne serait pas juste.

Madame. — Il a peut-être troublé des ménages, mais je dois dire qu'il ne m'a jamais adressé un seul mot plus haut que l'autre.

Monsieur. — Parce qu'il s'avait que j'avais l'œil sur lui ? — Et madame Rocamire, lui a-t-il adressé un mot plus haut que l'autre, à celle-là ?

Madame. — Oui, mais elle était veuve.

Monsieur. — Aussi, bien sûr de l'impunité, l'a-t-il assez affichée par son cadeau d'une broche de 5,000 mille francs.

Madame. — Cinq mille francs à cette poupée à Jeanneton !!! Et le jour de ma fête ! à moi ! la femme d'un ami...

Monsieur. — D'un ami de trente ans !

Madame. — Il ne m'a donné qu'une bague de vingt louis !!!

Monsieur. — Oui, mais nous sommes simplement ses amis, nous ! On trouve bon de nous préférer des étrangers. — Il peut avec *la* Rocamire...

Madame, *avec fierté*. — Je te défends de dire *ma* Rocamire !

Monsieur. — Alors, avec *sa* Rocamire !

Madame, *avec mépris*. — Oh ! la *sienne*... et à beaucoup d'autres.

Monsieur. — Bref, il peut, avec la Rocamire, aller crier sur les toits : « Je donne cinq mille francs à ma maîtresse, moi ! » Cela vous pose un homme sur le marché.

Madame. — Tandis que l'honnête femme dit simplement : « Merci, » et ça ne va pas plus loin.

Monsieur. — Dis donc, chérie, si nous mangions une ou deux aiguillettes du bonnet d'évêque ?

Madame. — La Rocamire n'a pas dû se faire beaucoup prier pour les 5,000 francs !

Monsieur. — Quand je te répète que c'est un vaniteux et un égoïste. Tiens, je suis certain que tout le quartier sait déjà qu'il nous a fait cadeau de cette poularde...

Madame, *vivement*. — Qui ne lui coûtait rien !

Monsieur. — S'il n'était pas égoïste, aurait-il ainsi agi avec nous ? Est-ce donner une poularde que de dire : « Nous la mangerons ensemble, » surtout quand on a un estomac aussi délabré que le sien. S'il était venu dîner ce soir, je te demande ce qu'il en aurait mangé ? Un rien, large comme une aiguille ; — et pour ce rien, il aurait fallu entamer la pièce, *l'abîmer !!!* Sans lui, la bête attendait parfaitement jusqu'à dimanche, où nous avons du monde à dîner ; et au moins, nous aurions pu mettre sur table une belle volaille nous faisant honneur ! Je te le dis, c'est un égoïste. Depuis trente ans, il m'en a donné mille preuves pareilles.

Madame. — Il nous a cependant rendu service dans notre commerce.

Monsieur. — Ah ! oui, les 50,000 mille francs qu'il nous a prêtés ; mais c'était pour avoir le droit de fourrer le nez dans nos affaires ; il est si curieux, et si chipotier !

Madame. — Il nous a trouvé aussi un bon acquéreur pour notre fabrique.

Monsieur. — Pourquoi ? te l'es-tu demandé ? par jalousie ! Il craignait, si nous restions dans les affaires, de nous voir devenir plus riches que lui. Il est si heureux d'écraser les autres de sa fortune! (*Avec ironie.*) Sa fortune! avec ça qu'il aime à la prodiguer! Qu'on vienne me dire que Lemadru ne sait pas compter, je répondrai carrément : « Henri IV n'est pas mort. » — Tiens, en nous envoyant cette poularde, qui ne lui coûte rien, je gage qu'il s'est dit : « Ils me fourniront linge, potage, madère, deux plats de légumes, dessert, etc., etc., etc., etc., etc! » — Ah! moi, je voudrais avoir toujours à faire des générosités à si bon compte, je serais bien sûr de ne pas me ruiner! — Vois-tu, ton Lemadru est un pingre qui ne donnerait pas un sou à un pauvre pour aller en omnibus.

MADAME. — Cependant les fameux 5,000 francs à la Rocamire!

MONSIEUR. — Oui, mais c'est pour ses indomptables passions. C'est un satyre qui tournera mal; il finira dans les mains d'une jeune bonne.

MADAME. — C'est tout de même beau, à son âge, d'être aussi... vert.

MONSIEUR. — Vert, soit! mais à quel prix? Tu verras demain comme il va se précipiter sur les truffes; c'est sa planche de salut.

MADAME. — Est-ce que, vraiment, les truffes?...

MONSIEUR. — On le dit.

MADAME. — Tu devrais bien manger celles-ci.

MONSIEUR. — Crois-tu?

MADAME. — Tu le sais aussi bien que moi.

MONSIEUR. — Alors, pour te faire plaisir. — Après tout, Lemadru n'a dit que de lui garder une aile.

Madame. — Aussi je vais manger l'autre.

. . . .

Monsieur. — Je suis convaincu qu'il a pensé faire une bonne farce en annonçant qu'il ne viendrait que demain. Il s'est imaginé que nous danserions devant le buffet en l'attendant.

Madame. — Il croit donc tout le monde aussi bête que lui!

Monsieur. — C'est bien vrai, qu'il n'a pas inventé la poudre! A la moindre plaisanterie, il tombe dans le panneau; surtout à propos de femmes... Il irait à la lune... on peut lui planter un jupon sur le grand mât, et il suivra un vaisseau à la nage jusqu'en Chine.

Madame. — Le fait est qu'il est bon nageur.

Monsieur. — Parce que, l'an dernier, il a sauvé une charrette qui se noyait? Belle affaire!

Madame. — Mieux que ça.

Monsieur. — Ah! je te vois venir! tu crois aussi que je lui dois la vie? D'abord, je ne me noyais pas, je réfléchissais. Il s'est imaginé que je restais au fond de l'eau par inexpérience, et il a plongé: il aurait tout aussi bien sauvé son portier, car, à cette époque, il désirait se marier, et voulait fasciner la jeune fille par une médaille de sauvetage. Avec ça que c'est amusant pour une demoiselle d'épouser un monsieur qui a la manie de se relever la nuit pour aller sauver ceux qui se noient.

Madame. — Je croyais sincèrement que tu lui devais la vie.

Monsieur. — Au surplus, je lui ai amplement rendu la pareille le jour où, dans notre fabrique, il s'approchait trop d'une roue à engrenage, et que je lui ai crié : « gare ! » — donc, nous sommes quittes.

Madame. — Oui, mais lui s'est exposé pour toi.

Monsieur. — Exposé ! à quoi, exposé ? Est-ce que, moi aussi, je n'étais pas exposé... à passer en justice s'il avait été broyé par la machine ?

Madame. — Je n'y avais pas réfléchi.

Monsieur. — Passe-moi encore un peu de carcasse.

Madame. — Il n'en reste plus.

Monsieur. — Comment, c'est fini ? (*Avec soupçon.*) Est-tu bien sûre de ta domestique ?

Madame. — Oh ! elle en ajouterait plutôt de son argent.

Monsieur. — Alors, elle n'avait donc que les os et la peau, cette poularde ?

Madame. — Nous ne possédons plus que la seconde aile, gardée pour Lemadru.

Monsieur. — Ça, c'est sacré !

Madame. — Inviolable ! c'est un dépôt !

Monsieur. — Aussi, demain, si Lemadru ne vient pas, nous déposerons son aile à la Banque. Je tiens à ce qu'il nous estime ! Il est plus fin que l'ambre, et comme il sait que nous avons beaucoup à nous plaindre de lui, il enrage d'être forcé de nous estimer. Mais nous aurons le beau rôle, et si c'est un piège qu'il a voulu nous tendre, il en sera pour sa malice.

Madame. — Oh ! malice... malice cousue de fil blanc ! car si on voulait bien manger son aile...

Monsieur, *sévèrement*. — Ne dis pas cela, Pélagie !

Madame. — Je fais une supposition.

Monsieur, *sèchement*. — Ne suppose même pas!

Madame. — Je voulais dire que d'autres, à notre place, trouveraient cent bonnes excuses.

Monsieur, *avec incrédulité*. — Cent excuses!... et bonnes, surtout... cela me paraît difficile, à moins d'inventer des choses impossibles.

Madame. — Oh! pas si impossible que ça! ainsi, par exemple, nous dirions à Lemadru que nous n'avons pas reçu sa lettre.

Monsieur. — Pélagie !!!

Madame, *vivement*. — C'est une supposition, je te le répète.

(*Moment de silence pendant lequel on entend les battements de cœur des deux époux.*)

Monsieur. — Alors, Pélagie, tirons au doigt mouillé à celui de nous deux qui mangera l'aile.

Novembre 1863.

L'ENTÊTEMENT

NOUS AVONS DU MONDE A DINER

(L'ENTÊTEMENT)

Aidé de Toinette, la cuisinière, Monsieur a mis le couvert, et il attend Madame qui est sortie depuis le matin. A cinq heures, elle arrive enfin.

MADAME. — Je me suis hâtée de rentrer, car j'étais sûre qu'il te serait impossible de te tirer seul d'affaire.

MONSIEUR. — Il est vrai, ma bonne, quand on a

du monde le soir à dîner, que c'est plutôt le devoir d'une femme de rester à la maison que d'aller courir les couturières toute la journée.

Madame. — Autant dire tout de suite que tu voulais me voir paraître entièrement nue à ce dîner, car il ne me restait rien à me mettre sur le dos.

Monsieur. — C'est bien étonnant qu'à toutes nos occasions de soirées, spectacles ou dîners, il ne te reste jamais rien à te mettre sur le dos. Il faudrait emplir tes armoires de camphre, puisque les vers te dévorent ainsi tes robes jusqu'au dernier bouton.

Madame. — Tu cherches à détourner adroitement la question, et je n'étais pas fâchée de savoir comment tu t'y prendrais pour recevoir du monde à dîner, si par hasard tu étais seul... ou veuf... Qu'as-tu commandé à Toinette?

Monsieur. — Nous avons d'abord deux énormes maquereaux... des petites baleines... il n'y avait que ces deux-là au marché. Puis un beau lapin sauté, un joli carré de veau, une salade et des asperges.

Madame. — Mais tout ça forme un vrai dîner de portier. Tes maquereaux, ton lapin sauté...

Monsieur. — C'est un lapin savant; il appartenait au saltimbanque qui l'a oublié en filant de sa mansarde dont il ne nous payait pas les loyers.

Madame. — Il faudra donc insister devant nos convives pour leur bien faire apprécier que c'est un lapin savant. De plus, pour lui donner meilleur air, nous devons le faire accommoder aux confitures; tu diras que c'est un mets russe... Ça nous posera devant le savant M. de Lèchelard, qui adore les choses excentriques.

Monsieur. — Justement, de Lèchelard ne vient pas ; il m'a écrit qu'il faisait ce soir une conférence au quai Malaquais sur le blanc de poulet obtenu par la céruse. Nous ne serons plus que six.

Madame. — Alors, nous avons dix fois trop à manger. (*Appelant.*) Toinette ! (*La cuisinière arrive.*) Débrochez le veau, il est inutile. (*Toinette sort.*) Ma mère et ma sœur viennent demain matin, ça fera notre déjeûner.

Monsieur, *hésitant.* — Oui, mais ce soir nous aurons bien juste, il faudra lécher les plats.

Madame. — Au bon moment, tu feras l'inquiet comme si Chevet t'avait manqué de parole. Nous les ferons attendre une demi-heure après le lapin mangé, puis tu prendras un air découragé et tu t'écrieras : « Allons, il faut décidément passer aux asperges ! Oh ! c'est la dernière fois que ce fournisseur a vu mon argent ! »

Monsieur. — Je dirai plutôt « mes louis », ça leur fera croire que c'était un plat impossible !

Madame. — Et ils seront les premiers à nous consoler ! Au moment du café, Toinette ira sonner à la porte d'entrée, puis elle viendra nous dire en plein salon : « C'est la poularde truffée qu'on apporte de chez Chevet. »

Monsieur. — Je sortirai aussitôt comme pour aller laver la tête au garçon retardataire.

Madame. — Oui, et tu profiteras de ta sortie pour mettre sous clef les bouteilles entamées que nous aurons laissées sur la table, car je me méfie de Toinette.

Monsieur, *convaincu par cette raison.* — C'est juste. Malgré tout, ils auront un bien piètre festin.

Madame. — Tu leur remplaceras le rôti par ton vin de Pouillac.

Monsieur. — Mais il n'est plus bon qu'à des conserves de cornichons.

Madame. — Il faut cependant bien le finir, ce vin ! On le refuse à la cuisine. Tu leur diras que c'est les cinq dernières bouteilles qui te restent de la vente de la cave de l'empereur ; cela leur fera croire qu'ils boivent du nectar, et tu les entendras même s'écrier : « Mazette ! il la passait douce, l'ex-despote ! » Jamais ça ne rate son effet.

Monsieur, *mal résigné*. — Tout cela est fort adroit, mais ça ne tient pas sérieusement la place d'un rôti. Si tu veux m'en croire, nous ferons rembrocher le veau.

Madame, *sèchement*. — Alors, autant me dire de jeter notre fortune par la fenêtre.

Monsieur. — Pour un carré de veau ! C'est de l'exagération.

Madame. — Du tout, c'est la vérité sur ton caractère. Tu as l'orgueil de la magnificence devant les étrangers ; si on te laissait faire, aujourd'hui c'est un carré de veau que tu veux leur offrir, ce serait demain un château qu'il faudrait acheter pour les recevoir à dîner. Oh ! je te connais bien, voilà cinq ans que je t'étudie sans en avoir l'air.

Monsieur, *prenant son parti*. — Allons, soit !

Madame. — Comment crois-tu qu'on puisse nous soupçonner d'une telle économie quand on verra notre argenterie ; car je veux que toute l'argenterie paraisse sur table, ne fût-ce que pour faire endêver madame Dulac, si vaniteuse de la sienne que, si elle l'osait, elle se planterait des fourchettes dans les cheveux pour aller faire des visites en ville. Il y a aussi madame Charnu qui fait la fière avec sa salle de bains et qui n'a seulement pas de salon ; je veux qu'elle dessèche de jalousie au milieu du nôtre. J'espère que tu as songé à retirer les housses.

Monsieur. — Oui, mais la pendule est détraquée et ne marche plus.

Madame. — Tu diras que c'est moi qui l'ai arrêtée à l'heure précise de la mort d'une grand'tante que j'adorais. Un pieux souvenir !

Monsieur. — Il faudrait maintenant songer à fixer les places des convives.

Madame. — Comment veux-tu distribuer ces places ?

Monsieur. — A ta droite, je mets monsieur Charnu.

Madame. — Est-ce que tu crois que je veux de cet homme-là qui fait sans cesse le dégoûté ; il a toujours l'air d'*épiler* ce qu'on lui met dans son assiette... Un Saint-Difficile chez les autres qui, chez lui, doit manger des cailloux toute la sainte journée !

Monsieur. — Il a cependant un bel embonpoint.

Madame. — Oh ! une mauvaise graisse !... A fondre, cet homme-là ne se vendrait pas cher.

Monsieur. — Préfères-tu avoir Dulac pour voisin ?

Madame. — Ah ! non ! c'est un être qui m'agace ! Il se verse perpétuellement du vin à plein verre, comme s'il avait scié mon bois... Il ne cesse d'avoir la bouteille et le verre en main... Je ne sais comment, ainsi occupé, il fait pour manger... et cependant il en absorbe, celui-là ! Ça disparaît de son plat avec une rapidité à faire croire qu'il apporte avec lui une boîte en fer-blanc où il entasse des provisions. —

Ah! il est toujours à répéter que maintenant il est riche, mais qu'en sa jeunesse il n'a pas souvent mangé à sa faim... Il n'a pas besoin de jurer pour se faire croire... On voit assez qu'il se rattrape... Si tu n'as que deux pareils voisins à me donner, tu peux les garder pour toi.

Monsieur. — Impossible! il faut mêler les sexes, et je dois mettre à mes côtés les dames de ces messieurs.

Madame. — Comment! j'aurai madame Charnu devant moi! Ah! si tu veux m'empêcher de dîner, tu n'as qu'à te permettre cela! Elle me lève le cœur avec sa manière de manger! Sous le prétexte qu'elle a la vue basse, elle écrase son nez dans l'assiette. Avec son carreau dans l'œil et sa tête plus basse que les coudes, on croirait, quand elle mange, qu'elle fait de l'horlogerie fine.

Monsieur. — Mais elle est du dernier myope.

Madame, *sèchement*. — Myope! myope! Elle n'a pas été myope pour ruiner son mari!

Monsieur. — Alors je mettrai à sa place madame Dulac.

Madame. — Oui, si tu veux me donner une attaque de nerfs. Il n'y en a que pour elle à parler! Dès qu'on veut dire quelque chose, elle vous coupe la parole pour s'écrier : *Il m'est arrivé bien mieux que ça!* Et elle entame sa sempiternelle histoire d'une grande peur, à la suite de laquelle *elle a été* folle pendant huit jours. — Son « *elle a été* » me fait rire! On a bien raison de dire qu'on ne se voit pas... Je croirai que celle-là est guérie quand elle renoncera à toutes ces toilettes voyantes qui, un beau matin, la feront poursuivre par un bœuf en furie... Je vous demande un peu pourquoi cette longue perche a toujours l'idée de se pavoiser sans cesse de rubans de toutes couleurs? Son mari a l'air d'avoir épousé un mirliton à la foire de Saint-Cloud.

Monsieur, *d'un ton doux.* — Allons, sois un peu indulgente. — Madame Dulac peut avoir des ridicules, mais c'est une honnête femme et une bonne mère de famille. (*D'un ton de doux reproche.*) Car elle a donné des enfants à son mari, celle-là.

Madame, *vexée.* — Parbleu! elle demeure à trois pas d'une caserne!

Monsieur, *qui a fait la sourde oreille.* — Voyons, ma chère amie, il faudrait cependant nous entendre. Nous n'avons que quatre convives, et tu ne les veux pas devant toi, ni à tes côtés... Ce n'est sans doute pas pour les faire dîner à la cuisine que tu les as invités.

Madame. — Moi! je les ai invités, moi?

Monsieur. — Toi-même.

Madame. — Jamais!

Monsieur. — Si, rappelle-toi, à l'Exposition; tu leur as même dit : « Acceptez, et vous rendrez mon mari bien heureux. » Dame! moi, je ne pouvais pas crier : « Je t'en fiche! » Alors, j'ai pris mon air bien heureux, et ils ont accepté.

Madame. — C'est possible, mais ils auraient dû refuser. S'ils avaient eu la moindre notion du savoir-vivre, ils auraient vu que j'étais obligée de les inviter, parce que, devant eux, j'avais fait mon invitation à M. de Léchelard.

Monsieur. — Dulac l'avait ainsi compris, mais tu as tant insisté que... (*Poussant un cri.*) Ah! à propos de Dulac... (*Appelant.*) Toinette ! Toinette ! (*La cuisinière arrive.*) Rembrochez le carré de veau,

(Toinette se retire.)

Madame. — Pourquoi donnes-tu cet ordre?

Monsieur. — C'est que je me souviens que Dulac abhorre le lapin aux confitures, et il ferait ainsi un si triste dîner, que...

Madame, *sèchement*. — Alors, c'est Dulac qui fait autorité ici ! Pour que votre ami puisse se gaver à gogo, la maison doit être mise au pillage. (*Avec rage.*) Il n'en sera pas ainsi. (*Appelant.*) Toinette ! (*Elle arrive.*) Débrochez le veau. (*Elle sort.*)

Monsieur, *se contenant*. — Écoute, Sylvie, je n'ai pas voulu te contredire devant cette domestique ; seulement, je te le répète, du moment que nous avons pris la corvée de donner à dîner, autant nous en tirer à notre honneur. Nous en serons quittes pour ne plus inviter Dulac, puisque son appétit t'effraye, mais pour cette fois...

Madame, *rageuse*. — Jamais votre Dulac ne fera la loi dans ma maison. Il dévorerait l'escalier si on le laissait faire. — J'ai entendu dire qu'il avait déjà mangé deux oncles et une forêt.

Monsieur, *d'un ton calme*. — Voyons, mon amie, fais cela pour moi ; je te demande que ce carré de veau paraisse sur la table... Tu t'exagères si bien l'appétit de Dulac, que je te parierais cent sous qu'il n'y touchera pas. (*D'un ton câlin.*) Et puis le veau, c'est bien meilleur... froid... le lendemain.

Madame, *nerveuse*. — Oh ! votre Dulac, il y a longtemps que je le guette pour lui faire affront ; aussi, dès ce soir, quand il aura fini son café, je me propose bien de lui dire devant tous : « Si vous avez encore faim, la bonne va vous allez acheter de la charcuterie. »

Monsieur, *la calmant*. — Ne te monte pas comme ça, ne te monte pas. (*Souriant.*) Allons, Bichette, fais cela pour ton mari qui t'aime... (*Signe négatif de madame.*) C'est bien décidé... réfléchis... tu refuses de me faire plaisir? (*Appelant.*) Toinette! Toinette! (*Elle arrive.*) Rembrochez le veau.

Madame, *furieuse*. — Je vous le défends.

Monsieur, *sèchement*. — Et moi je vous l'ordonne. (*Toinette reste immobile.*) Qu'attendez-vous?

Toinette. — Il faudrait cependant vous entendre. Je ne sais ce que ce carré de veau doit penser en allant et venant ainsi le long de la broche.

Monsieur. — Pas d'observations! Embrochez ou je vous remercie, paresseuse!

Madame, *furieuse*. — Débrochez de suite ou je vous flanque à la porte, propre à rien!

Toinette. — Ah! dites donc, c'est bien assez de servir des polichinelles qui ne savent ce qu'ils veulent, sans être insultée par-dessus le marché.

Monsieur *et* Madame. — Sortez, je vous chasse, insolente!

Toinette. — Ah! c'est comme ça! attendez. (*Elle court à la cuisine et en rapporte le morceau.*) Tenez, le voici votre carré de veau, vous en ferez ce que bon vous plaira...

Elle le pose sur le crachoir. — A la vue de cette viande, qui cause la querelle, Madame, en furie, se précipite dessus et la prend en disant :

— Tiens, ton Dulac n'en mangera pas!

(Elle la jette par la fenêtre. — La viande est ramassée par un sergent de ville et portée au commissaire de police qui la fait parvenir à la préfecture, d'où on l'envoie au bureau des objets perdus. Dans un an, faute de réclamants, le veau sera remis en toute propriété au sergent de ville qui l'a trouvé.)

Madame, *en pleurant de rage*. — Maintenant, monsieur, vous pensez bien que, pour tout au monde, vous ne me ferez pas asseoir à la même table que le misérable pour lequel vous avez jugé bon de me tyranniser. (*Mettant son chapeau.*) Vous les recevrez vous-même, vos invités... je vous autorise même à dire que vous êtes devenu veuf tout à coup.

Monsieur, *stupéfait*. — Où vas-tu?

Madame. — Je vais dîner seule au restaurant... chez Brébant... c'est plein de jeunes gens aimables, dit-on...

Monsieur, *jaloux*. — Je verrai bien si vous osez seulement ouvrir un œil. (*Oubliant ses invités.*) Car je ne vous quitte pas d'une semelle, madame. (*Il la suit.*)

Ils sont à peine partis que les convives arrivent. — Ils sont reçus par Toinette qui, ayant perdu sa place, se venge en disant à chacun d'eux :

— Monsieur et madame m'ont chargée de vous annoncer qu'ils ne seront jamais à la maison pour vous.

LA LUXURE

LE SORT D'UN AMOUR ÉTERNEL

(LA LUXURE)

Le lendemain, je devais m'embarquer pour Montévidéo, et la pensée que j'allais quitter famille, amis et patrie me tenait éveillé durant cette dernière nuit. Chez mes voisins, on ne dormait pas plus, et la mince cloison qui séparait nos chambres d'hôtel n'empêchait point leurs paroles d'arriver jusqu'à moi. Toute la nuit j'entendis leurs sanglots et leurs baisers, leurs spasmes de désespoir ou de passion. — Un impérieux voyage allait interrompre durant six mois un de ces amours profonds, énergiques, dévoués, qui semblent devoir résister à tout, un de ces *amours éternels* qui s'éteignent seulement avec le dernier souffle.

Quand, le lendemain, je les vis gagner le port, ils se tenaient nerveusement serrés, les yeux pleins de larmes, et semblaient souffrir à chaque pas qui les rapprochait du navire. Durant les dernières minutes qui précédèrent l'embarquement, ils restèrent immobiles, étrangers à la foule qui les regardait, face à face, les yeux dans les yeux, chacun semblait lire au fond de l'âme de l'autre, mais sans pouvoir parler, tant la douleur les serrait à la gorge. — Vingt fois l'homme mit courageusement le pied sur la planche du bateau, mais vingt fois il revint pour un nouveau baiser.

Il fallut l'arracher des bras de la pauvre femme, et, dans leur dernier embrassement, ils échangèrent aussi leur dernier serment d'un *amour éternel*.

*
* *

Elle était bien belle, sa Marie!

Si belle, que je ne pourrais arriver à la peindre telle que je l'ai vue quand, accourue tout au bord de la jetée afin de suivre plus longtemps le navire qui fuyait, elle agita son blanc mouchoir.

Quant à lui, les côtes de France avaient disparu et la nuit était arrivée, que, les yeux pleins de grosses larmes silencieusement versées, il regardait encore ce point de l'horizon où s'était effacée la douce vision.

Je parvins à le déterminer à prendre du repos ; il trébuchait comme un homme ivre ; la douleur lui avait endolori tout le corps, et, comme nous descendions aux cabines, quelqu'un le heurta légèrement dans l'escalier.

— Que ce chauffeur est brutal ! me dit-il.

— Un chauffeur ! m'écriai-je tout surpris de son erreur, mais c'est une femme !

— Une femme ! alors quel monstre !

. * .

C'était *la femme de chambre des premières*, pauvre créature dont la vie se passait sur le navire à servir et à soigner les passagères de première classe. Si le portrait de la belle Marie m'a été impossible à faire, celui de la femme de chambre des premières m'est plus facile à donner.

Elle était borgne.
Elle boitait.
Son dos portait une légère bosse.

Et sa mise, grotesque et malpropre, faisait donner soixante ans à cette femme qui n'en avait pas plus de quarante-cinq. — L'amoureux désolé n'avait donc pas été tout à fait injuste en lui appliquant l'épithète de monstre.

. * .

Les trois premiers jours, le jeune homme pleura et refusa toute nourriture. Il passait le temps à écrire un interminable chant d'amour que le prochain navire de rencontre devait porter à Marie. — Le quatrième jour, il consentit à prendre un peu de café. — A la fin de la semaine, il avalait un bouillon, mais rien de plus, — son humeur était toujours mélancolique.

Quinze jours après notre départ, il m'adressa le premier la parole :

— Quand arriverons-nous ?

— Au plus vite, dans vingt-cinq jours; mais à la condition que le temps nous sera toujours aussi favorable.

— C'est bien long.

— Et d'autant plus triste que, par extraordinaire, nous n'avons pas une seule passagère à bord pour égayer notre traversée. Ce voyage-ci ne procurera pas gros pourboires à la femme de chambre des premières... Vous souvenez-vous ? celle que vous preniez pour un chauffeur et que vous traitiez de monstre ?

— Pauvre fille ! J'ai été bien sévère pour elle.

Puis, il ajouta :

— Elle est très douce et fort prévenante... Trouvez-vous ?

.*.

Cinq jours plus tard, je le vis, le matin, consultant sa montre.

— Vous comptez les heures bien lentes à passer ? lui dis-je.

— Non, je regarde si nous déjeunerons bientôt, car j'ai très faim.

— L'appétit est donc revenu ?

— Dame ! à mon âge, on ne peut pas uniquement vivre de soupe ! Et puis, les repas occupent le temps, car, ainsi que vous le disiez, quand l'élément féminin manque dans une traversée, on s'ennuie grandement à bord.

— Je croyais que vous occupiez le temps à écrire ?

— J'ai mis tout mon cœur dans une lettre, je ne veux pas toujours répéter la même chose.

— Il est fâcheux que cette distraction vous manque, car le voyage menace de se prolonger ; le temps va changer.

— Qui vous a dit cela ?

— La femme de chambre des premières.

— A propos, avez-vous remarqué que cette créature possède des cheveux magnifiques ? me demanda l'amoureux de la belle Marie.

.*.

Le vent, qui était devenu contraire, nous avait jetés loin de notre route et le jour de notre arrivée au port ne pouvait plus se préciser. Mon héros dévorait maintenant à belles dents, mais sa tristesse envolée avait fait place à un certain malaise. Les forces vitales, un instant assoupies par la douleur, se réveillaient terribles dans cette nature vivace sur laquelle pesait lourdement la vie cloîtrée du bord. Il était arrivé à ce moment d'ennui où tout prisonnier demande à apprivoiser une araignée.

Mon jeune homme chercha donc son araignée.

— Sacrebleu ! qu'on s'embête ici, me disait-il, nous n'avons réellement pas assez de jupons à bord.

— Vous pourriez dire que nous n'en avons pas du tout.

— Ah ! c'est que je compte la femme de chambre des premières.

— Oh ! j'espère que vous ne faites pas à votre Marie l'injure de prétendre que ce phénomène appartient à son sexe !

— Cent fois non ! mais cependant avez-vous bien examiné Cunégonde ?

— Jamais je n'y ai songé.

— Vous auriez alors remarqué qu'elle a la taille très fine et, tenez, l'autre jour, je la regardais monter sur le pont ; malgré sa malheureuse claudication, cette pauvre fille n'a pas la jambe mal faite, et sa façon même de boiter lui donne une manière de marcher qui a quelque chose de la nonchalance d'une créole.

Je tombais de mon haut.

Alors je pensai à ce régime échauffant que nous faisait suivre le cuisinier du bord engagé par le capitaine dans son précédent voyage aux tropiques ; un gaillard qui avait la main lourde pour le poivre long et les épices de son pays.

Nous tenions déjà la mer depuis trente-cinq jours !!

.*.

Un certain karrick à l'indienne acheva d'incendier mon amoureux.

Son imagination avait créé une divinité et, nouveau Pygmalion, il se mit à adorer son idole en fermant obstinément les yeux à la repoussante réalité.

— Mais elle boite épouvantablement, lui disais-je.

— Comme Mlle de La Vallière.

— Elle est bossue.

— Bossue! où avez-vous vu cela?

— Dans son dos.

— Elle a un petit air penché, voilà tout.

— Elle est borgne, vous ne pouvez le nier.

— Marie-Antoinette avait aussi perdu un œil dans son cachot et, cependant, elle n'en était que plus touchante sur la fatale charrette.

— Avez-vous donc oublié votre belle maîtresse à laquelle vous avez juré *un amour éternel?*

— Ah! dame! si elle était là!... Mais, sapristi! qu'on s'embête sur ce vaisseau plus triste qu'un séminaire!

.·.

Pendant quelques jours encore, il supporta assez bien le genre de disette particulière que lui imposait la vie de bord; mais la longueur du voyage fit sortir du fond de la cale un second aide du marmiton, également impatient, qui jeta aussi sur la mégère un œil de convoitise amoureuse. C'était, pareillement, un monstre sale et puant qui allait bien de pair avec la femme; les deux faisaient le couple.

La vue de ce rival exaspéra le jeune homme.

Sa poursuite devint insensée; il avait la calenture amoureuse.

*
* *

La dernière souillon délaissée ne se croira jamais complètement laide. Qu'un homme vienne à ses pieds, immédiatement elle se figurera être une beauté.

Telle fut notre ignoble maritorne qui n'avait jamais été à pareille fête.

Au lieu de profiter de l'aubaine qui lui donnait à gober un beau jeune homme, elle posa en Vénus... en Vénus pudique qui tient la dragée haute.

Trois jours après, il m'abordait avec un petit air triomphant :

— En arrivant à terre, je compte vous demander un sérieux service.

— A votre disposition.

— Voudrez-vous me servir de témoin ? Cunégonde consent à m'épouser.

— Et la ravissante Marie ?

— C'est sa faute ! Pourquoi cette bégueule a-t-elle refusé de quitter sa famille pour me suivre dans ce pays? J'aime aujourd'hui Cunégonde et nous nous sommes juré hier *un amour éternel!*

— Vous ne gagnez pas au change.

— Ma fiancée possède un genre de beauté que vous ne comprendrez jamais. Il vous faut à vous des figures régulières comme les têtes en cire des coiffeurs.

Le lendemain, nous entrions au port et il s'élançait à terre.

Montévidéo est une ville pleine de séductions.

L'amoureux pressé n'avait pas encore passé une heure à terre que je ne sais quelle distraction lui avait déjà rafraîchi les idées et ouvert les yeux.

Aussi quand, au coin d'une rue, il se rencontra avec son rival le marmiton qui lui présentait deux longs couteaux de cuisine en disant d'un air furibond :

— Allons nous disputer, en braves, l'amour de Cunégonde !

Il s'écria aussitôt :

— Garde ton monstre pour toi, animal !

Un clou chasse l'autre ; et Cunégonde, qui avait spéculé sur la famine, se trouvait délaissée au jour d'abondance.

Mais, je le répète, Montévidéo est une ville pleine de séductions, et le même moyen qui, en une heure, avait guéri mon héros de sa Cunégonde, lui fit également, en huit jours, oublier l'*amour éternel* juré à cette Marie tant belle, tant belle que je n'ai pu vous en faire le portrait.

LA JALOUSIE

LES MÉTAMORPHOSES D'UNE BRIOCHE

(LA JALOUSIE)

Comme les rayons d'un matinal soleil de printemps égayaient la chambre, elle s'écria toute joyeuse d'être au monde :

— Dis-donc, chien chéri, puisque tu me fais

toujours la guerre parce que je ne prends pas d'exercices, si tu le veux, nous allons partir, bras dessus, bras dessous, à pied comme deux vrais amoureux, et, du boulevard Beaumarchais, nous irons, tout en flânant jusqu'à la Madeleine, déjeuner dans quelque petit endroit pas cher de ce quartier-là? Qu'en dis-tu?

— De grand cœur! mon bon chat.

— Hein! je suis gentille? Tu ne diras pas que je te ruine en voitures? — Seulement, si mon loulou veut être bien aimable... bien prévenant... bien gracieux pour sa Niniche, il lui payera quelque chose dont elle a envie... oh! mais bien envie depuis longtemps.

Sentant poindre une carotte, le Loulou en question eut un mouvement nerveux et murmura :

— Sans doute encore quelque coûteuse inutilité?

— Oh! comme c'est méchant ce que tu dis là, juste quand je viens de répéter que je ne veux pas te faire dépenser d'argent. C'est bien, monsieur; alors je me payerai ce caprice avec ma bourse... ça ne vous aurait cependant pas ruiné, vilain avare!

— Voyons, Niniche, ne boude pas et dis-moi quel est ce caprice.

— Figure-toi que, depuis trois ans, chaque fois que je passe devant le fameux marchand de brioches à un sou, de la rue de la Lune, je meurs d'envie d'en acheter... mais je n'ose, car, tu comprends, une femme seule et bien mise... on a l'air d'une meurt-de-faim qui a dépensé son dîner en toilette. A notre passage devant la boutique, tu iras tout seul me prendre une brioche que je gobichonnerai à même ma poche.

Vous entendez d'ici l'énorme soupir de satisfaction poussé par Loulou en apprenant la modeste fantaisie de sa Niniche.

Quand ils furent en route, le dialogue suivant s'établit :

Niniche. — Tu n'as pas été très aimable tout à l'heure en parlant de mes « coûteuses inutilités! » moi qui fais tous mes efforts pour être une petite femme de ménage bien économe... Est-ce que tu trouveras beaucoup de maîtresses heureuses d'aller à pied et de manger une brioche d'un sou? Il est vrai que cette vie-là me plaît, car si j'avais le moindre goût de luxe, je n'aurais qu'à écouter le baron Tosté... En voilà un qui m'offre autre chose qu'une brioche! Allons, ne fais le jaloux, je t'ai dis que je ne peux pas le sentir. (*Joyeuse.*) Tra la la, oh! je me fais une fête de ma bonne brioche bien chaude!

Loulou. — Tu es bien sûre, Niniche, que je te payerais cent brioches si tu les désirais... Seulement, permets-moi un conseil : crois-tu que cette brioche ne te coupera pas l'appétit pour notre déjeuner à la Madeleine?

Niniche. — C'est pourtant vrai! Tiens, pour te prouver que je suis une femme économe, je renonce pour aujourd'hui à ma brioche, car il serait fou d'aller ensuite inutilement dépenser douze ou quinze francs pour regarder seulement les plats du déjeuner. Mais puisque j'empêche ces quinze francs d'être déboursés sans profit, tu me payeras, pour ma récompense, une théière en porcelaine de vingt-cinq sous. Hein! suis-je femme de ménage? j'espère que voilà un objet d'utilité?

Loulou. — Est-ce que l'on ne peut faire du thé dans la cafetière? tu sais, moi, je te le demande naïvement, ce n'est pas pour te refuser une théière.

Niniche. — Mais, au contraire, tu as raison; c'est une idée! du moment qu'on peut faire du thé dans une cafetière, je ne tiens pas à mon ustensile; d'autant plus que je ne manque pas d'autres objets aussi utiles à acheter... des bottines, par exemple.

Loulou. — Des bottines!! mais je t'en connais plus de vingt paires!!

Niniche. — Oui, mais pas des bottines roses... J'en ai vu de très jolies affichées à quinze francs... il est vrai qu'avec des bottines roses il faut avoir tout le vêtement de pareille couleur... mais les bottines suffisent pour mon projet.

Loulou, *inquiet*. — Quel projet!

Niniche. — Je veux bien te le dire, mais il ne faut pas encore être jaloux. — C'est pour faire enrager le baron Tosté; avec son immense fortune, il se figure qu'on triomphe de tout. Aussi, l'autre jour, comme je lui disais que le rose me va très bien, il s'est mis à m'offrir... m'offrir... gros comme moi... et c'était des « Votre Loulou » par-ci, « votre Loulou » par-là, comme s'il parlait d'un panné qui n'a pas le moyen d'offrir une robe... en taffetas rose... très léger... d'une soixantaine de francs. Alors je me suis promis, pour humilier le baron, à sa première visite, de le recevoir en robe de chambre avec mes bottines roses, et de lui dire :

« Ah! baron, si vous étiez arrivé cinq minutes plus tôt, vous auriez pu vous assurer que le rose me va bien ; j'étais en toilette ; tenez, j'ai même encore mes bottines roses. » De cette manière-là, il aurait cru que tu m'avais payé la robe.

Loulou, *froissé*. — Ah çà, il se figure donc que je suis inscrit aux indigents, ton baron? Je ne tiens pas à lui monter cette comédie; Dieu merci! j'ai le moyen de te donner trois louis pour acheter ta robe rose.

Niniche. — Mais non, gros bête, main non, je n'en veux pas. C'est pour le coup que tu dirais que j'achète « des inutilités, » si j'allais mettre trois louis à une robe qui tourne en chiffon au troisième jour et dont la couleur ne fait qu'un déjeuner de soleil... Oh! non, je suis plus femme de ménage que ça... Si je m'achetais une robe, je la voudrais... bien de profit... de toutes les saisons... d'une teinte plus sérieuse... plus solide... en satin de Lyon, par exemple, — enfin une robe de quatre louis.

Loulou. — Comment, le satin de Lyon ne coûte que quatre louis?

Niniche. — Mais pas plus... en les ajoutant aux trois louis que tu me dois déjà pour ma robe rose. — Ah! c'est là que le baron Tosté ragerait de voir que je n'attends pas après son argent pour m'habiller.

Loulou, *jaloux*. — Et je lui prouverai que tu n'attends pas! (*Décidé.*) Au premier magasin, tu vas acheter ta robe.

Niniche. — Justement, à cent pas d'ici, il y en a un très bien assorti.

Arrivés devant la boutique, les deux amants examinent les robes étalées en montre. Tout à coup Niniche s'arracha brusquement à ce spectacle, et, entraînant son Loulou, elle continue son chemin sans mot dire.

Loulou. — Ah çà! qu'as-tu donc?
Niniche, *avec un grand soupir*. — Moi, rien.
Loulou. — Mais si. Tu voulais une robe, puis en faisant ton choix, crac! tu t'enfuis.
Niniche, *bien triste*. — C'est que... près de celle qui me plaisait... à gauche... j'ai vu le rêve de toute ma vie... qui me rendrait si heureuse.
Loulou. — Quoi donc?
Niniche. — Rien, rien, te dis-je, je ne veux pas te faire faire une folie. (*Avec un soupir*) : Ah! les femmes un peu coquettes devraient bien naître aveugles... à moins d'avoir l'immense fortune du baron Tosté.
Loulou. — Ah! ça, tu m'ennuies avec ton Tosté! tu ferais mieux de me dire ce qui te chagrinait dans cette vitrine.
Niniche. — Eh bien, puisque tu l'exiges, c'est une robe en velours.
Loulou. — Comment! c'est pour une robe en velours que tu es là, toute triste, à encenser ton Tosté!!! Ne dirait-on pas qu'il est le Pérou, et que moi, avec mes trente mille francs de rentes, je ne suis qu'un mendiant!!! Puisque cette robe en velours te plaît...
Niniche. — Vrai? tu me la payes? vrai de vrai?
Loulou. — Retournons au magasin.
Niniche. — Non, sur l'autre boulevard, je con-

nais une boutique encore mieux montée. (*Avec joie.*) Ah! le bon bonheur!... Quel est le Loulou qui peut se vanter d'avoir rendu sa Niniche bien heureuse? C'est mon chien-chien. (*Réfléchissant.*) Dis-donc, chéri, est-ce que ma parure en jais fera bien sur le velours?

Loulou. — Oh! non; le velours donne surtout de l'éclat à la peau...

Niniche. — ... Et aux diamants. (*Rêveuse.*) Ah! voilà ce que je n'aurai jamais, moi!... des diamants!

Loulou. — On ne sait pas.

Niniche. — C'est tout su! car il n'y a pas huit jours, j'en ai eu pour cinq mille francs dans le creux de la main... je n'avais qu'à dire un oui... et c'était à moi.

Loulou. — Encore ce Tosté, n'est-ce pas? Et tu as refusé?

Niniche. — Oui, mais c'était bien tentant; car enfin, pour une femme, les diamants, c'est du solide... c'est bien joli, une robe en velours, mais ça s'use... tandis que les diamants mettent du pain sur la planche... Ah! c'est moi qui me ficherais d'avoir une robe en toile sur le dos si je possédais des diamants.

Loulou, *inquiet.* — Ainsi, tu me quitterais pour des diamants?

Niniche. — Dame! une question d'avenir! Tu serais le premier à me le conseiller, si tu m'aimais sérieusement.

Loulou. — Alors, tu ne tiens pas à moi?

Niniche. — Que tu es drôle avec tes questions. Voyons, sois juste : tu peux me quitter d'un instant à l'autre... et j'aurais manqué ma position... J'aurais refusé un homme dont la générosité, en assurant mon avenir, lui aurait donné des droits de compter sur mon affection, ma fidélité, ma reconnaissance.

Loulou, *rageur*. — Sacrebleu! je n'en aurai pas le démenti! Je veux savoir si on peut s'en remettre à la reconnaissance des femmes.

Niniche. — Que veux-tu dire?

Loulou. — Nous allons entrer chez mon bijoutier, et tu choisiras à ton goût.

Niniche, *transportée*. — Ah! que tu es mignon! C'est moi qui ne m'attendais guère à une pareille surprise. Comme le Tosté va être stupéfait en voyant ma rivière... lui qui ne m'offrait que des boucles d'oreilles.

Loulou, *nerveux*. — Tu auras les boucles et la rivière, mais, pour Dieu! tais-toi avec ton éternel Tosté.

Quand le bijoutier étala les parures devant Niniche, elle les saisit d'abord avec une joie fiévreuse, mais tout à coup elle se calma et devint pensive :

— Eh bien! Niniche, qu'as-tu donc? Cela ne paraît plus te faire plaisir!

— C'est vrai.

— Aurais-tu maintenant un autre désir?

— Oui.

— Lequel?

— J'aime mieux que tu m'épouses.

Ne riez pas, lecteurs. Il l'épousait hier à l'église Bonne-Nouvelle, et, au sortir de l'église, la mariée, en se voyant dans la rue de la Lune, s'écriait :

— A propos de la rue de la Lune! dis donc, Loulou... avec tout ça, tu ne m'as pas payé ma brioche.

LA NIAISERIE

ABSENT DE SON ENTERREMENT

(LA NIAISERIE)

Divers groupes de parents et amis se tiennent devant un portail d'église tendu de noir. — Trois voitures de deuil stationnent le long du trottoir.

Dutoc (*arrivant en retard*). — Tiens, on m'a donc attendu pour commencer la cérémonie?

Beaudard. — S'il n'y avait eu que vous d'absent, tout serait expédié depuis belle lurette.

Dutoc. — Qui donc manque encore?

BEAUDARD. — Ah! ne m'en parlez pas! Tout le monde est là, chacun est à son poste, et, comme un fait exprès, il ne manque qu'une personne à cet enterrement, et c'est précisément le mort lui-même!

DUTOC. — Est-ce qu'il a été mangé par les frais de la maladie?

BEAUDARD. — Non. Il paraît qu'on a perdu le corps.

DUTOC. — Pas possible!

BEAUDARD. — Comme je vous le dis. Le cousin qui hérite est allé aux eaux de X... chercher le corps, qu'il a ramené en chemin de fer. Le défunt, qui venait de se retirer des affaires, s'était logé à l'auberge pendant qu'on lui bâtissait un petit hôtel, puis, afin de prendre patience, il était parti aux eaux pour son agrément.

DUTOC. — Ça lui a réussi.

BEAUDARD. — De sorte qu'il n'avait pas à Paris de domicile qui pût recevoir sa dépouille.

DUTOC. — L'héritier aurait dû lui offrir son local.

BEAUDARD. — Ah! le pauvre cher homme! l'héritage vient de le surprendre à ses dernières bretelles, au Mont-de-Piété, car il logeait en garni!... Il a donc prié le chemin de fer de lui garder son mort vingt-quatre heures, et il s'est dit : « Ils l'ont et ils ne le vendront pas; je vais leur laisser deux jours pour avoir le temps de tout ordonner et d'envoyer mes billets. » — Très bien! mais il paraît que ce matin, quand il est allé réclamer le défunt, on n'a plus rien retrouvé... le wagon a été déplacé... où est-il?

Dutoc. — Pourvu qu'il n'y ait pas de la mauvaise foi de la part de l'administration!

Beaudard. — Allons donc! Un chemin de fer qui donnait encore le mois dernier de superbes dividendes! il n'est pas dans le besoin.

Dutoc. — On ne sait pas! il ne faut jamais répondre de rien.

Beaudard (*ébranlé*). — Alors qu'en fera-t-il? Ce n'est pas pour la défroque? Le brave homme est mort dans sa baignoire et on n'a pas ajouté une épingle à sa toilette.

Dutoc. — Ah! il s'est éteint dans l'eau?

Beaudard. — Oui, entouré d'un garçon de bain.

Dutoc. — Et avant d'être dans sa baignoire, il était dans les affaires?

Beaudard. — C'est ce que j'ai appris de ce grand maigre que vous voyez là-bas, qui disait tout à l'heure : J'ai été pendant quarante années dans les affaires avec Pointol, et c'est la première fois de sa vie que je le vois inexact.

Dutoc. — Quarante ans de travail! Ce n'est pas encourageant pour ceux qui commencent.

Beaudard. — Il n'y avait pas un mois qu'il vivait de ses rentes!

Dutoc. — Comme il aurait mieux fait de vivre de ses rentes durant les quarante années et de ne se mettre au travail qu'à son dernier mois.

Beaudard. — Il est des gens qui ne savent pas arranger leur vie.

Dutoc. — Si, par le plus grands des hasards, on consent à nous restituer le défunt...

Beaudard. — Espérons-le!

Dutoc (*toujours sceptique*). — Je le souhaite sans l'espérer...

Beaudard. — Vous êtes décourageant; vous ne croyez à rien.

Dutoc. — J'ai beaucoup souffert, voilà tout. — Enfin, j'achève ma phrase : « Si ces messieurs du chemin de fer veulent bien rendre gorge, irez-vous jusqu'à la fosse? »

Baudard. — Avec plaisir; car je viens de reconnaître dans la foule le baron Taylor, président du Comité des artistes, et je pense que nous aurons de lui quelques mots bien sentis sur la tombe.

Dutoc. — Le défunt avait donc été acteur?

Beaudard. — Oui, tout jeune, il a joué un Valerius Flaccus...

Dutoc (*sévèrement*). — Bien jeune alors, j'aime à le penser pour sa mémoire! Un Flaccus remplit mal une vie!

(A ce moment, trois personnes se détachent d'un groupe et montent dans une voiture de deuil qui part aussitôt.)

Beaudard. — Ah! voici des gens qui vont chercher des nouvelles.

Dutoc. — Vont-ils bien aux nouvelles?

Beaudard. — Où iraient-ils?

Dutoc. — Rien ne dit que, se faisant promener *gratis* par la voiture des pompes funèbres, ils ne vont pas faire un tour au Bois pour prendre patience.

Beaudard. — Ah! comme vous interprétez toujours mal les choses!

Dutoc. — J'ai beaucoup souffert, je vous le réitère. — Le défunt avait-il été marié?

Beaudard. — Lui, non, mais son associé avait une jolie femme.

Dutoc. — Alors, je comprends pourquoi le défunt est resté quarante années dans le commerce. — Était-ce un honnête homme?

Beaudard. — Il n'y a qu'une voix sur son compte! Pas une tache sur sa mémoire!

Dutoc. — Sauf le Flaccus!

Beaudard. — Après tout, votre Flaccus... il l'a joué à l'Odéon, où il n'y avait jamais un chat.

Dutoc. — Dans l'ombre alors... il n'en est que plus coupable!

Beaudard. — Ah! vous êtes sévère!

Dutoc. — J'ai beaucoup souffert, je vous l'ai dit. — Il paraît que maintenant que l'héritier a son pain assuré, peu lui importe que les autres déjeunent, car voici midi et je suis encore à jeun.

Beaudard. — Un peu de patience. Tenez, je vois encore des personnes qui montent dans la seconde voiture pour aller aussi aux informations à l'embarcadère.

Dutoc. — Ils se font plutôt conduire chez quelque restaurateur. J'ai cru reconnaître l'associé du défunt qui montait dans la voiture avec les deux autres... Quand on a vécu quarante ans avec un homme, je ne comprends pas qu'on aille godailler le jour de son enterrement.

Beaudard. — Mais non, mais non, ils vont simplement aux nouvelles.

Dutoc. — Les premiers qui sont partis ne suffisaient donc pas?

Beaudard. — Mais puisqu'ils ne reparaissent point.

17.

Dutoc. — Alors vous me donnez à entendre que le chemin de fer les égorge à mesure qu'ils se présentent pour étouffer toutes les réclamations sur sa négligence. C'est un vilain jeu qu'il joue là. — Il y a déjà assez de plaintes du public contre les administrations, sans y ajouter ce nouveau grief.

Beaudard. — Vous en voulez aux administrations ?

Dutoc. — Elles m'ont perdu un parapluie qu'on m'avait prêté, ce qui m'a fait manquer un mariage superbe, car il appartenait à mon futur beau-père, qui s'est dit avec quelque raison : « A un homme qui égare ce qu'on lui prête, je ne saurais confier mon enfant. » Il a eu la crainte de me voir oublier ma femme un beau jour dans un wagon ; et il a eu raison... car on ne me l'aurait à coup sûr pas rendue... à en juger par ce qui nous arrive aujourd'hui.

Beaudard. — Ah ! voilà encore la dernière voiture qui part aux renseignements.

Dutoc (*en colère*). — Ils veulent donc nous faire arrêter, les misérables !

Beaudard. — Arrêter !... Pourquoi ?

Dutoc. — Dame ! de quoi avons-nous l'air, ainsi groupés dans la rue ?... d'une émeute ! Si la police vient à passer... que lui répondrons-nous, s'il vous plaît, quand elle nous nous interrogera ?

Beaudard. — Nous lui dirons que nous venons pour un enterrement.

Dutoc. — Ouais ! avec ça qu'elle n'est pas méfiante ! La première chose qu'elle nous demandera, c'est : « Où est votre mort ? où sont vos voitures ? » Nous n'avions en main que cette dernière voiture pour prouver notre bonne foi.

BEAUDARD (*effrayé*). — C'est vrai!

DUTOC. — ...Et rien ne justifiant plus nos groupes dans la rue, on lira demain dans tous les journaux, qui ne demandent qu'à remplir leurs colonnes : « La police a dissipé hier, dans la rue de la Lune, des attroupements qui s'étaient formés dès le matin. On a fait main basse sur les principaux factueux, qui ont donné à leur réunion un motif dont une sévère enquête a démontré toute la fausseté. » — Et la province, effrayée s'écriera : « Ah! grands Dieux! des émeutes à Paris! » Il n'en faut pas plus pour arrêter le commerce.

BEAUDARD. — Allons! calmez-vous, bannissez vos craintes, car voici les trois voitures qui reviennent, et nous allons enfin savoir à quoi nous en tenir. Venez-vous aux nouvelles?

DUTOC. — Je ne bouge pas; ils vont nous conter encore quelque mensonge pour nous faire prendre patience.

BEAUDARD (*qui a été aux renseignements*). — Un fourgon va nous apporter le défunt. Voilà ce que c'est : des hommes d'équipe avaient débarrassé la voie du wagon sans le visiter, et on a fini par le retrouver en gare aux Batignolles. (*Historique.*)

DUTOC. — Quel est ce grand qui vous a dit cela?

BEAUDARD. — C'est le caissier du magasin de nouveautés dont le mort était le patron.

DUTOC (*surpris*). — Un magasin de nouveautés! Le défunt n'était donc pas dans les huiles?

BEAUDARD. — Pas le moins du monde.

DUTOC. — Mais alors, ce n'est pas mon mort!

BEAUDARD. — Vous ne connaissiez donc pas du tout Pointol?

Dutoc. — Ma foi non; je viens ici pour représenter mon chef de bureau.

Beaudard. — Votre monsieur des huiles précédait Pointol; il y a deux heures que son service est terminé.

LA HAINE

LES ENNEMIS INCONNUS

(LA HAINE)

Voyez-vous cet homme qui trébuche sans cesse sur les nombreux graviers invisibles qu'une main inconnue sème sur sa route; qui reçoit dans l'ombre ces coups d'épingles qui apparaissent un jour en une plaie saignante; qui se débat contre mille petites oppositions sourdes, dont il ne peut se rendre compte, car il ne voit personne autour de lui, et qui, las enfin d'une lutte inutile, se laisse tomber un beau matin en disant de bonne foi :

— A coup sûr, c'est de la déveine, car je ne me *connais* pas un ennemi.

Cet homme succombe à l'ennemi inconnu.

* * *

D'où vient l'ennemi inconnu ?

Quelle cause l'a fait naître ? Je l'ignore. Lui-même n'oserait la dire, car elle est souvent si niaise ou si basse qu'il ne la peut avouer. Il vous hait d'autant mieux qu'il sait avoir tort de haïr.

La jalousie, l'envie, l'amour-propre froissé font surgir l'ennemi inconnu qui devient d'autant plus féroce qu'il est privé, enchaîné par sa lâcheté, du plus grand plaisir de la vengeance.

Celui de pouvoir dire en face à son ennemi : « Tu souffres par moi. »

* * *

L'ennemi inconnu naît de la classe des sots où il trouve de nombreux auxiliaires.

Les sots croiront toujours à la calomnie et lui serviront de commis voyageurs; car, à peine éclose, ils propageront toute médisance qu'on leur avait donnée à couver dans l'œuf.

Ils la soutiendront au besoin, surtout si elle est

bien absurde, car le côté absurde est irrésistible pour le sot.

Tout ce qui est raisonnable le rend incrédule.

Tenez, un bien remarquable sot, par exemple, c'était le baron de Canicheul.

Vous lui disiez :

— Monsieur de Lesseps, en faisant faire des sondages dans la mer Rouge, en a retiré un fusil à vent.

— Quoi d'étonnant ? vous répondait-il, Pharaon n'a-t-il pas été englouti là avec armes et bagages ? Ce fusil à vent vous prouve lui-même qu'il date d'une époque antérieure à l'invention de la poudre.

Si vous ajoutiez :

— On dit que dans le Midi, à la suite d'un grand orage, tous les melons qui étaient en couches ont avorté.

— C'est la suite bien naturelle d'une forte émotion ; pareille chose est arrivée à madame la baronne en 1839, répliquait-il.

Mais si vous poursuiviez :

— Au Cirque, j'ai vu un homme se faire enfermer dans une cage entourée d'un feu ardent.

Aussitôt, il vous coupait la parole par un :

— Vous mentez ! Est-ce que la chose est possible ? Me prenez-vous pour un imbécile ?

.*.

Avouez donc que ce baron de Canicheul peut devenir une belle trompette pour tout ce que lui débitera votre ennemi inconnu.

Or, le baron avait une fille à marier.

Vous le voyez d'ici allant tendre l'oreille aux renseignements sur son futur gendre, M. Oscar Manvoit, qui venait de lui demander la main de sa fille.

.

Quand Oscar Manvoit quitta la maison du baron de Canicheul, l'épicier d'en face, le voyant au passage, dit à sa femme :

— En v'là un qui a une figure qui me déplaît.
— Pourquoi ?
— Le sais-je ? Elle me déplaît parce qu'elle me déplaît. Voilà tout !

Un !

.

Dix pas plus loin, Oscar se croisa avec un ancien condisciple, devenu malheureux, qui le salua.

Le futur, encore tout soucieux de sa demande en mariage, ne rendit pas ce salut inaperçu.

— Tu me paieras ta fierté, murmura l'autre.

Deux !

.

Au coin de la rue, il se rencontra avec la jeune et jolie madame Pillet, qui, toute voilée, sortait d'une maison.

De son plus gracieux coup de chapeau, il lui prouva qu'il l'avait reconnue.

La dame passa raide et furieuse.

Alors, il songea à regarder la maison qu'elle quittait.

C'était la demeure d'un de ses amis intimes qui, depuis trois mois, lui répétait mystérieusement : « J'ai une femme du monde. »

Il comprit trop tard toute la bêtise de son salut.

Une heure après cette rencontre, la haine germait au cœur de l'amant découvert, de la femme reconnue et du mari qu'une fable bien filée devait rendre incrédule à toute indiscrétion.

Deux et *trois* font *cinq !*

.*.

A son arrivée sur le boulevard, il fit signe à un cocher de coupé qui passait à vide.

De l'autre côté de la chaussée, le propriétaire d'Oscar faisait précisément le même appel.

Après avoir hésité entre les deux clients, le cocher se dirigea vers le mieux mis.

— Oh! tu n'as pas d'égards pour ma goutte ! se dit le vieillard quinteux et fatigué.

Oscar ne l'avait pas même vu.

Six !

.*.

De sa voiture, il adressa un doux baiser à la jolie modiste Paméla qui passait.

Paméla avait aimé à la folie le bel Oscar. Le précieux héritage de cet amour défunt s'était divisé en dix-sept parts comme une charge d'agent de change.

A chaque titulaire, Paméla ne cessait de prôner l'ancien élu de son cœur, aussi tous répétaient-ils en un chœur furieux de dix-sept voix :

— Je l'exècre, cet Oscar !
Dix-sept et *six* font *vingt-trois !*

.˙.

Ayant besoin de gants plus frais, il descendit de voiture pour entrer dans un magasin où il fit rencontre de son avoué, M. Dupicant, auquel il demanda avec son plus aimable sourire :
— Votre dame se porte toujours bien ?
L'avoué avait flanqué sa femme à la porte le matin même et s'imaginait que sa mésaventure conjugale était connue de tout Paris.
Il crut à une mauvaise plaisanterie.
Vingt-quatre !

.˙.

Comme il ignorait le numéro de la maison où il était invité à dîner, Oscar s'engagea dans une allée sombre et sale dans laquelle il fit rencontre de M. Pierlot, homme de mœurs réputées sévères, qui était en train de prendre la taille de je ne sais quelle souillon de bas étage qui se défendait.
— Cet Oscar m'espionnait ! pensa le tartuffe.
Vingt-cinq !

.˙.

Enfin, il arriva dans la maison après un retard de vingt-cinq minutes, pendant lequel il avait été maudit avec rage par l'invité M. Ramichel, son notaire, homme très ponctuel et souffrant d'une gastralgie qui lui commandait la plus grande exactitude pour l'heure de ses huit repas quotidiens.

Vingt-six!

．．．

M. Chamillart, l'amphitryon, avait acheté le matin même, à beaux deniers comptant, un superbe portrait peint par Van-Dyck, et d'une authenticité qu'il vantait à tous ses invités jaloux.

A son entrée au salon, Oscar fut aussitôt placé devant la toile enviée.

— Tiens! c'est le portrait de mon oncle, s'écria-t-il, qui se fit jadis peindre dans ce costume espagnol avec lequel il avait obtenu un grand succès au bal des artistes. Vous n'avez pas dû le payer bien cher? Moi, plus tard, je l'ai vendu sept francs à un brocanteur.

M. Chamillart étouffa de rage.

Vingt-sept!

．．．

A table, Oscar, qui découpait une volaille, en envoya la sauce sur sa voisine, qui étrennait la robe neuve enfin obtenue d'un mari économe qui l'avait promise pendant cinq ans.

Vingt-huit!

．．．

Il eut l'imprudence de parler de son prochain mariage devant quatre mères de famille qui le couchaient en joue, chacune pour sa fille.

Ensemble : quatre mères, quatre pères, quatre filles; total : douze.

Vingt-huit et *douze* font *quarante!*

⁂

Après le dîner, comme il voulait aller au théâtre, il fila, sans bruit, à l'anglaise.

— Il prend à peine le temps de s'essuyer la bouche! grogna la maîtresse de la maison.

Quarante et un!

⁂

Il était encore dans l'antichambre que l'imposante madame Couverchell, la femme d'un gros entrepreneur, disait à l'amphytrion :

— Il est peu galant, votre Oscar. Il sait qu'on a besoin d'un quatrième au wisth et il s'enfuit comme un voleur! on dirait qu'il emporte l'argenterie.

Quarante-deux!

⁂

En bas, il demanda le cordon au concierge, en oubliant d'ajouter :

— S'il vous plaît.

Quarante-trois!

⁂

Au théâtre, il se trouva voisin de stalle avec son agent de change, qui lui demanda :

— Que pensez-vous du talent de Mlle R. ?

— C'est une grue, répondit Oscar avec toute la franchise d'une conviction à ce monsieur, qui savait très personnellement que M{ne} R. n'avait pas que son talent dramatique pour vivre.

Quarante-quatre !

Puis notre héros alla se coucher, en songeant à son prochain mariage.

On lui avait demandé huit jours pour lui rendre une réponse définitive.

.·.

A quarante ennemis inconnus par jour.

Pendant huit jours, et avec un peu de chance, c'était pour Oscar un total de trois cent-vingt personnes toutes disposées à donner des renseignements au baron de Canicheul, qui s'en allait les quêtant partout.

.·.

Pendant toute la semaine, notre jeune homme continua de se dire :

— J'ai trente ans, vingt mille livres de rentes et un physique agréable. Je ne suis ni commerçant, ni homme politique, ni écrivain, partant je n'ai aucun envieux, ni jaloux.

Je ne me *connais* pas d'ennemis.

Donc, mon affaire est bonne au possible ; la petite Canicheul est à moi.

.·.

Le matin du huitième jour, son domestique lui apporta au lit la réponse du baron de Canicheul.

Nous la copions :

« Monsieur,

« En réponse à l'honorée demande que vous avez bien voulu nous faire, Mᵐᵉ la baronne de Canicheul et moi, nous avons cru devoir prendre quelques renseignements qui, je dois l'avouer, nous ont paru peu satisfaisants.

« On *m'apprend* que vous avez été condamné en 1852 à vingt ans de travaux forcés pour vol à main armée sur la route départementale n° 217. La liberté provisoire dont vous jouissez, *m'affirme-t-on*, est due aux nombreux services que vous rendez à la police, qui les rétribue largement. Cette subvention semble vous être insuffisante, *me dit-on encore*, car vous demandez d'autres ressources à votre adresse au jeu et aux *biches* dont vous faites votre société habituelle.

« En conséquence, Mᵐᵉ la baronne de Canicheul et moi, après mûre délibération, nous avons décidé que notre fille est encore un peu trop jeune pour le mariage.

« Daignez agréer, avec tous nos regrets, etc.,

« Baron de Canicheul. »

**

Après cette lecture, Oscar, droit sur son séant, idiot d'étonnement, ne cessait de se répéter :
— C'est singulier, je ne me *connais* pas d'ennemis.

**

Quant à la famille Canicheul, elle était partie

pour une ville d'eaux où le baron s'empressait de dire à tous les baigneurs :

— Ma fille l'a échappé belle!!!

Et il contait à chacun, en les corsant un peu, les déplorables antécédents d'Oscar Manvoit.

LA MÉDISANCE

PROPOS DE LA RUE

(LA MÉDISANCE)

Un départ pour la mairie; les voitures de noce sont rangées devant la maison. — Sur le trottoir, groupe de curieux. — A l'écart, un petit cénacle composé de :

Mme veuve Colombin, *concierge du voisinage.*
Mme Cambournac, *herboriste.*
M. Duroc, *ex-employé.*

SCÈNE PREMIÈRE

La veuve Colombin. — Tenez, madame Cambournac, d'ici la mariée nous passera sous l'œil.

MADAME CAMBOURNAC. — C'est comme la régénération de l'Espagne, cette mariée-là : elle se fait bien attendre.

M. DUTOC. — On dirait que c'est la lenteur qui épouse le retard.

LA VEUVE COLOMBIN. — Ah! c'est vous, monsieur Dutoc. Vous voici de retour de Belgique... Quel temps avez-vous eu à Bruxelles?

M. DUTOC. — Une pluie continuelle; et vous, à Paris?

LA VEUVE COLOMBIN. — Un vrai déluge : mon chien buvait tout debout.

MADAME CAMBOURNAC. — C'est singulier, ce même temps dans deux villes si éloignées.

M. DUTOC. — Oh! la vapeur supprime les distances.

LA VEUVE COLOMBIN. — C'est bien vrai ça, car, moi, j'ai mon neveu qui habite Bizol, ce n'est qu'à quinze lieues, — mais on y va par la diligence. — Eh bien! ils m'écrit qu'ils n'ont pas vu une seule goutte d'eau.

M. DUTOC. — C'est bien mademoiselle Ducerceau qui se marie, n'est-ce pas?

MADAME CAMBOURNAC. — Oui, oui, c'est du chenu comme mariage : il y a gras!

LA VEUVE COLOMBIN *s'emportant*. — Il y a gras! il y a gras! Vous v'là bien comme les autres, vous, à flatter l'opulence !!! Je l'ai connu votre Ducerceau quand il était mon locataire, et, dans ce temps-là, il n'était pas fier; il fouillait toujours dans mon pot-au-feu avec une croûte de pain, en disant qu'il y avait laissé tomber sa clef Aujourd'hui il est riche; mais si le gouvernement était curieux, le Ducerceau ne serait pas à la noce : je sais ce que je sais, voyez-vous !

Madame Cambournac. — Est-il possible ?

Madame veuve Colombin. — Entre nous, v'là la chose : il avait un parrain. Était-ce son parrain ? J'en doute, car il est venu au monde sans étiquette ; il a été trouvé dans la boîte à lait d'une locataire. Allez rappeler tout ça au Ducerceau, il vous répondra avec aplomb : qu'abandonné par ses parents dès l'âge de trois semaines, il s'est suffi à lui-même, et que si on l'a ramassé dans la boîte à lait, c'est qu'il y était venu seul, croyant y trouver à téter.

Lorsqu'il parle de cette époque-là, il dit : *Quand je faisais ma bohème.*

Enfin, bref, son parrain est mort en lui laissant son fond de soufflets.

Ils étaient attachés par paquets de mille ; je les vois encore : il y avait trente-deux paquets. Je suis sûre du nombre, voyez-vous, parce qu'à cette époque je me suis dit :

— Tiens, trente-deux ! un de plus et ça ferait l'âge du sans-culotte Camille Desmoulins à sa mort.

Enfin, bref ! avec ses amis (car il connaît Paris entier) et dans tous les bureaux, il a mis, un par un, ses soufflets au Mont-de-Piété, à raison de trois francs par pièce.

A chaque passant, il disait :

— Allez donc m'engager un soufflet.

Sans compter les commis voyageurs qui lui en engageaient aux Monts-de-Piété de province. Même que le directeur général de l'établissement a fait un rapport à l'Institut, où il écrivait : « Les soufflets désertent les campagnes pour affluer vers les grands centres, etc. »

Enfin, bref, à raison de trois francs, ses trente-deux mille soufflets lui ont produit un joli nourrisson de quatre-vingt-seize mille francs à bercer.

Qu'est-ce qu'il est arrivé ensuite ??? Que le gouvernement, pour je ne sais pour quelle réjouissance, a rendu *gratis* au peuple tous les engagements au-dessous de cinq francs.

Enfin, bref, il est rentré dans ses soufflets, et, comme un vrai déhonté qu'il est, il a recommencé cinq fois son manège dans les mêmes conditions.

A ce marché-là, il lui est arrivé vingt bonnes mille livres de rentes, sans compter ses soufflets, qu'il a fini par donner aux hospices (*D'un ton sec.*) Eh bien! qu'en dites-vous maintenant, madame Cambournac? Le v'là votre : il y a gras! Il y a gras!

Le porc aussi est gras, mais il n'en est pas plus propre!

M. Dutoc. — Et qui épouse-t-elle, la demoiselle Ducerceau?

Madame Cambournac. — Un homme dans les cuirs avec un nez si retroussé qu'on lui voit la cervelle! D'abord, il est trop grand! j'aime pas les gens trop grands, moi, ça n'est pas expansif : faut monter sur un tabouret pour leur tirer les vers du nez : alors ça se méfie.

La veuve Colombin. — Un colosse tout en cheveux, qui dépense deux francs par jour chez son coiffeur : s'il fait ça depuis le berceau, il ne vendra jamais sa tête pour ce qu'elle lui coûte!

M. Dutoc. — Savez-vous son nom?

LA VEUVE COLOMBIN. — C'est comme le nom d'un musicien qui se termine en *i*.

M. DUTOC. — Rossini?

LA VEUVE COLOMBIN. — Pas ça.

M. DUTOC. — Verdi?

LA VEUVE COLOMBIN. — Pas encore.

M. DUTOC. — Pilati?

LA VEUVE COLOMBIN. — Non, non... Oh! je l'ai sur le bout de la langue...

MADAME CAMBOURNAC. — Tenez, le v'là en personne qui entre dans la maison de la fiancée; il vient prendre livraison...

M. DUTOC, *le reconnaissant*. — Ah! je le connais : c'est M. Pilodo!

LA VEUVE COLOMBIN. — Juste! quand je vous disais que je l'avais sur la langue!

M. DUTOC. — Tiens, tiens, tiens! c'est Pilodo!... J'ai même également beaucoup connu son père, Pilodo, le chapelier.

MADAME CAMBOURNAC. — Pilodo, chapelier... mais, attendez donc, j'ai aussi connu ça, moi. Est-ce qu'il n'était pas borgne d'un bras?

M. DUTOC. — Non, vous confondez avec son frère, l'ingénieur des *ponts échauffés*, celui qui, plein d'émotion de se trouver en présence d'un roi, a dit un jour à Louis-Philippe : « Ah! sire, maintenant que je vous ai vu... vous pouvez mourir! » Ah! c'est le fils Pilodo qui se marie! Mais son papa et Ducerceau peuvent aller de pair pour une fortune facilement acquise...

LA VEUVE COLOMBIN. — Contez-nous ça.

M. DUTOC. — C'est bien simple, mais ça prouve

la bêtise du Parisien ; c'est Pilodo qui faisait afficher dans Paris :

ON ÉCHANGE UN VIEUX CHAPEAU CONTRE UN ŒUF

Au plus haut cours, l'œuf lui coûtait trois sous, et il revendait un franc le vieux chapeau au premier marchand d'habits venu. Vous comprenez qu'avec un aussi scandaleux bénéfice, il n'a pas tardé à s'amasser un copieux bien-être!

MADAME CAMBOURNAC. — Ne m'en parlez pas... il n'y a que les intrigants pour réussir. — Ah! v'là qu'on se remue; c'est sans doute la mariée qui va mettre le cap sur la mairie, comme dit mon Hyacinthe.

LA VEUVE COLOMBIN. — Non, c'est le porteur d'eau. — A propos, où est-il, M. Hyacinthe?

MADAME CAMBOURNAC. — Dans sa dernière lettre, il creusait l'isthme de Suez... vous savez bien, cet isthme que M. de Lesseps a fait percer.

M. DUTOC. — A mon avis, c'est bien plutôt l'isthme qui a fait *percer* votre M. de Lesseps... Oh! pour le coup, c'est la mariée qui descend; je vois qu'on se range.

LA VEUVE COLOMBIN. — Non, c'est Aglaé, la cuisinière à Ducerceau; nous allons pincer du neuf. — Eh! Aglaé! par ici, ma toute belle.

SCÈNE II

LES MÊMES, AGLAÉ

MADAME CAMBOURNAC. — Elle a donc de la glu aux semelles, votre mariée?

La veuve Colombin. — Est-ce qu'elle a demandé à réfléchir? Ce serait un peu tard.

Aglaé. — De la patience... Mademoiselle vient de s'évanouir. A l'entrée de son gendre, le père Ducerceau lui a présenté sa fille en disant : « Vierge je l'ai reçue de sa mère, il y a vingt-deux ans, vierge je vous la remets. » — Si vous aviez vu dans ce moment-là comme il était fier !

La veuve Colombin. — Fier! et de quoi fier? pour sa vierge de vingt-deux ans? faut-il pas lui donner une médaille de sauvetage, à c't homme?

M. Dutoc. — Parbleu! Newton aussi était vierge, et son père n'allait pas le crier sur les toits.

Madame Cambournac. — Jeanne d'Arc également; mais on l'a brûlée, celle-là!

Aglaé. — Calmez-vous!... Je ne voulais pas faire du tort à notre demoiselle.

Madame Cambournac. — Votre demoiselle... votre demoiselle ferait mieux de se dépêcher, au lieu de laisser le pauvre monde sur ses jambes à l'attendre. — Oh! les riches!...

M. Dutoc. — C'est vrai. Pourquoi se marie-t-elle, puisqu'elle n'est pas plus pressée que ça? Si j'étais le Pilodo, je sortirais et je vendrais ma contremarque.

Aglaé. — Possible, mais il n'en trouverait pas une seconde aussi douce, laborieuse, tranquille et bien éduquée.

La veuve Colombin. — Dites donc, pendant que vous y êtes, mettez-lui de suite une barbe et fabriquez-en un saint de votre demoiselle.

Aglaé. — Sans compte qu'elle est faite au tour.

La veuve Colombin.—Oh! vous ne la garantiriez pas tout fil.

Aglaé. — Pourquoi pas?

La veuve Colombin. — La couturière doit bien rire du Pilodo.

Aglaé. — Du tout; mademoiselle tient ça de ses aïeux... Et puis, voulez-vous que je vous dise, madame Colombin, vous êtes une *désillusionneuse!*

La veuve Colombin. — C'est possible; mais, les femmes bien faites, j'ai été payée pour n'y pas croire; ça m'a coûté jadis ma place chez le baron de Baluchaud, où je tenais le linge.

V'là qu'un jour il me dit :

— Madame Colombin, j'ai le cœur vide.

— Il y a, au cinquième étage, l'actrice du Lazari qu'est vacante d'hier; achetez la charge, que je lui réplique.

— Non, qu'il ajoute, ça c'est à la colle, et je veux me marier à l'huile. Là-dessus, il m'envoie lui prendre un abonnement au *Journal des Pompes funèbres.*

Tous les matins, il lisait le feuilleton des *décès*, et, à chaque mari mort, il courait chez la veuve lui demander sa main; et partout on lui répondait :

— Désolée, mais j'étais retenue d'avance.

Moi je me disais : Puisqu'on guérit de la rage, ça lui passera.

Pour lors, un autre beau matin, il me lâche encore à brûle-pourpoint :

—Décidément, je vais épouser mademoiselle Clarisse, la maîtresse de langues; c'est une femme magnifique!

— Tant que ça! que je m'écrie.

— Une Vénus! une vraie Vénus! Aussi je ne tiens pas à l'argent.

Faut vous dire que c'était pas la fortune qui gênait la Clarisse pour marcher, tandis que lui il était riche, oh! mais riche, qu'il ne regardait pas à prendre une voiture à l'heure rien que pour y serrer ses billets de loterie jusqu'au *très prochain tirage*. Il réglait tous les ans.

Le jour de l'hymen en question, je dévorais sa dulcinée de l'œil, et je me disais :

— Celle-là, c'est de la famille des homards : toute en carcasse, rien à manger... Si c'est une Vénus, elle fait honneur à la marqueterie!

Ah! ma chère, tout de pièces et de morceaux !

Un démontage à rendre jalouse une chaloupe canonnière! — C'est au point que moi, qui assistais au coucher de la mariée, je n'ai pas pu m'empêcher de lui dire : « Ah! madame, laissez-en au moins un peu pour mettre dans le lit! »

Le lendemain, au lever, le baron de Baluchaud avait l'air penaud d'un éléphant qui a égaré sa trompe au vestiaire.

Aussi, quand je lui dis :

— Eh bien ?

Il eut l'aplomb de me répondre :

— Madame Colombin, tout ce qui laisse à désirer empêche la satiété de venir.

Moi, je commis la bêtise de rire, et, le soir, on me flanqua à la porte, en prétextant que j'avais détourné les mouchettes.

Aglaé. — Je retourne à mon poste. Sans rancune, m'ame Colombin...

La veuve Colombin. — De quoi? de la rancune!

On voit bien que vous ne me connaissez pas, par exemple ! Que votre demoiselle ait de la *banlieue* ou qu'elle soit plate comme un liard, ça ne changera pas la fontaine Saint-Michel de place... malheureusement !

AGLAÉ. — Au revoir, la compagnie !

SCÈNE III

LES MÊMES, MOINS AGLAÉ

La veuve Colombin. — En v'là une fine mouche qui ne donnerait pas sa position aux pauvres!

M. Dutoc. — Pourquoi?

La veuve Colombin. — Dame! sa demoiselle mariée, le Ducerceau va rester seul au logis, et on dit que ce veuf a peur la nuit...

Madame Cambournac. — Ne croyez donc pas ça! Aglaé n'est pas une fille à prendre sur son sommeil pour faire un excès de zèle.

M. Dutoc. — Ah! pour le coup, c'est la noce qui défile; voici le garçon et la demoiselle d'honneur.

Madame Cambournac. — Sont-ils mal mis! On dirait qu'ils vont au supplice.

M. Dutoc. — Tiens! c'est Sanscadet qui est témoin! un homme qui a des rhumatismes? Il est donc de toutes les noces?

La veuve Colombin. — Faut croire qu'il est imposé par la mairie.

M. Dutoc. — Ah! c'est la mariée.

Madame Cambournac. — Que disait donc Aglaé? qu'elle était belle femme! Merci! de l'estomac comme une lentille sur une assiette, droite comme un boulevard neuf; tout est à l'alignement.

La veuve Colombin. — En v'là une qui aurait pu se promener pendant deux ans sur le radeau de la *Méduse* sans tenter la gourmandise des camarades!

M. Dutoc. — Toutes ses leçons de piano et d'anglais ne lui ont pas engraissé les jambes.

Madame Cambournac. — Regardez donc le Pilodo; a-t-il l'air fier! On dirait qu'il a conquis un drapeau sur l'ennemi.

M. Dutoc. — Avant huit jours, il se mangera les ongles jusqu'aux genoux.

La veuve Colombin. — Voulez-vous mon avis?... Le mari est volé, on ne lui a pas donné son poids.

(Les voitures disparaissent et les groupes se dissipent.)

LA RAPACITÉ

L'APPÉTIT VIENT EN MANGEANT

(LA RAPACITÉ)

J'étais entré un jour dans la boutique de mon relieur et, m'adressant à la femme, qui se trouvait seule dans l'atelier :

— Et mes livres, qu'on devait me livrer aujourd'hui ?

— Tenez, monsieur, vous êtes sous presse. Colimard comptait finir ce soir, mais il a été tout à coup appelé chez un notaire.

— Est-ce que vous héritez?

— Ah! monsieur, c'est comme un rêve, nous n'osons y croire; c'est si inattendu! Quand je dis que nous héritons, je suis folle; peut-être une bague, un souvenir, un rien, que sais-je? Nous n'aurions qu'une pomme... une simple pomme... que nous devrions nous estimer très heureux, car enfin, le pauvre cher défunt ne nous devait rien.

— Ce n'était donc pas un parent?

— Pas le moins du monde. Ah! c'est toute une histoire. Vous savez que Colimard a son établi près de la devanture, car il a besoin du grand jour pour gaufrer. Donc tous les jours, de midi à deux heures, il passait devant la boutique un monsieur âgé qui s'en allait flânotant sur le trottoir comme un bon bourgeois qui fait sa petite promenade de digestion après déjeuner. Faut croire que ce vieux monsieur avait du goût pour la reliure, car il ne manquait jamais de se planter devant le carreau, et pendant vingt minutes il s'amusait à regarder mon mari travailler. Ça embêtait même assez Colimard de voir son jour obstrué; aussi il lui échappa de dire une fois devant notre petit : « Ah çà! est-ce que ce vieux desséché va prendre l'habitude de venir tous les jours attendre le croque-mort devant mon carreau? » Ah! monsieur, on a raison d'enseigner qu'il faut retenir sa langue devant les enfants! C'était à peine lâché que voilà Dodore qui s'échappe de la boutique pour courir demander au monsieur: « Dis donc, vieux desséché, est-ce que tu attends le croque-mort? »

— Je vois d'ici la figure du monsieur !

— Eh bien, pas du tout. Il s'est mis à rire, et après avoir tapoté la joue de l'enfant, il lui a donné une pastille de sa bonbonnière. Aussi, le lendemain, Dodore, qui le guettait au passage, s'est élancé bien vite pour lui soutirer encore un bonbon, qui lui a été donné avec un gros baiser. Enfin, que vous dirai-je ? De bonbons en baisers, le monsieur a fini par entrer dans la boutique, et, tous les jours, pendant un gros quart d'heure,... tenez, voici encore sa chaise, au pauvre cher homme... il avait pris l'habitude de venir s'asseoir pour faire la causette en regardant travailler Colimard et en caressant le petit, qu'il aimait beaucoup... Nous aussi, il nous aimait, car, à tout propos, c'étaient des questions à n'en plus finir : « Eh bien, comment va le commerce ? Où en sont les affaires ? Êtes-vous contents ? Et il nous engageait à ne pas perdre courage, à ne point désespérer de l'avenir.

— Vous ne le connaissiez pas ?

— Vous comprenez bien que nous n'avions pas été sans prendre nos informations, et nous avions appris que c'était le riche M. de Bambriquet, le propriétaire du pâté de maisons de la Cité... dix-sept maisons à lui tout seul, monsieur ! Aussi, quand il nous conseillait d'espérer en l'avenir : « Ah ! l'avenir, lui disions-nous, c'est bien facile d'en parler quand, comme vous, on a des maisons sur la planche ! — Eh ! mes enfants, répétait-il, qui sait ? un beau matin, il vous tombera peut-être une maison sur la tête au moment où vous vous y attendrez le moins.

— Le sage doit s'attendre à tout.

— Un jour il n'est plus revenu. Après une semaine, Colimard, inquiet, est allé aux informations, et on lui a appris que ce brave monsieur était mort d'un froid attrapé au Vaudeville. Ça nous a remués, car nous le chérissions pour l'intérêt qu'il portait au petit... et surtout parce qu'il nous avait dit posséder une immense bibliothèque à faire relier. Aussi mon mari n'a-t-il pu s'empêcher de s'écrier : « Hein ! lui qui prétendait qu'on doit compter sur l'avenir ! Comptez-y donc ! On ne lui demande que du travail à cet avenir... et voilà une bibliothèque à relier qui nous glisse entre les doigts ! » — On aurait dit que l'ombre du cher défunt avait entendu ce reproche, car, au même instant, il nous est arrivé une lettre nous invitant à passer en l'étude de M° Hocquet, notaire, pour communication qui nous intéresse dans la succession de M. de Bambriquet.

— Eh ! eh ! dites donc, madame Colimard...

— Quoi ?

— Ça m'a tout l'air de la maison qui vous devait tomber sur la tête au moment où vous vous attendriez le moins.

— Ah ! ne dites pas ça !

— Pourquoi pas ?

— Parce que le cher homme ne nous tenait ni d'Ève ni d'Adam, qu'il a des cousins, et que, pour des étrangers auxquels il ne devait pas même un fétu de paille, il n'aurait pas été dépouiller les siens.

— On n'est pas dépouillé pour une maison retirée de dix-sept.

— C'est ce que je me suis dit ; mais, je vous le répète, il ne nous devait pas même un demi-fétu. A quel titre, à quel titre, je vous le demande ?

— Mais, dame! il s'y était presque engagé avec tous ses beaux discours sur l'avenir.

— Le fait est qu'il aurait mieux fait de se taire que de venir troubler l'imagination de pauvres gens résignés.

— Et puis il aimait votre enfant... Pourquoi n'aurait-il pas songé à le mettre sur la même ligne que ses cousins héritiers?

— Des cousins qu'il n'avait jamais vus!... Ils ne s'attendent guère à cette tuile d'or. Ah! il est des gens qui ont de la chance!

— Pourquoi ne seriez-vous pas du nombre? Qui vous a dit qu'il ne vous a pas laissé cette maison que vous occupez?

— Elle ne rapporte que dix-sept mille francs.

— Eh bien, dix-sept mille francs de plus ou de moins ne feront pas bondir les héritiers.

— D'autant plus que la maison a besoin de beaucoup de réparations. Ce bon M. de Bambriquet avait confiance en son portier, qui gérait à faire pitié. Pourvu que sa loge soit en bon état, il se fiche pas mal que les locataires pâtissent. En voilà un qui ne ferait pas long feu dans son trou si la maison était à moi! C'est comme la locataire du premier, madame de Lestranglé, une pimbêche fière comme un plumet! Elle marcherait presque sur le pauvre monde!... Que la maison soit à moi un instant, et je lui flanque congé, avec d'autant plus de joie, qu'elle a fait d'énormes frais dans son local. Crac! le lendemain l'écriteau à louer, avec trois mille francs d'augmentation. Puisque la maison a besoin de réparations, autant qu'elles soient payées par les locataires.

— Parfaitement. Augmentez-les tous.

— C'est comme le relieur qui viendrait acheter notre fonds... quinze cents francs de plus pour le loyer.

— Mais, ne m'avez-vous pas dit que vous ne faisiez pas d'affaires... Il faudrait plutôt le diminuer.

— Merci! une boutique qui porte la chance! Allons donc!... Notre successeur peut trouver aussi son vieux monsieur... C'est sans doute le commencement d'une série.

— Moi, à votre place, je ne l'augmenterais pas. Je profiterais de la chance qui m'arrive pour faire au moins un heureux.

— Mon cher monsieur, je suis assez grande pour n'avoir besoin des conseils de personne.

— Ne vous fâchez pas à propos de votre futur successeur, car c'est peut-être inutile... Qui nous prouve que le défunt vous a laissé plutôt cette maison-ci que celle du coin?

— Celle qui rapporte soixante mille francs?

— Pourquoi pas?... Du moment que M. de Bambriquet a eu l'idée de faire votre bonheur, pourquoi ne l'aurait-il pas fait complet?

— C'est fort sensé, ce que vous dites là; je n'y avais pas songé.

— Et c'est aussi dans les choses possibles, n'est-ce pas?

— Dame! oui... en y réfléchissant bien... Puisque rien ne forçait le cher homme à nous faire du bien, pourquoi, entre dix-sept maisons, aurait-il choisi la plus mauvaise?

— Ça aurait presque l'air d'une vengeance.

— Oui, mais il faut être franc, il ne nous devait rien.

— Est-ce qu'il devait quelque chose à ses cousins qu'il n'avait jamais vus?

— Tandis que tous ses après-midi, il les passait ici en notre société.

— C'est moins la parenté que l'affection qui dicte souvent un testament.

— Pour ça, il paraissait mieux nous aimer que les cousins, dont il ne soufflait mot.

— Vous voyez bien que vous avez tout autant de droit qu'eux.

— Beaucoup plus... du côté de l'affection.

Ici, madame Colimard parut hésiter, mais l'avidité l'emportant, elle ajouta :

— Et même... si le Ciel était juste...

— Et même quoi?

— Et même, je me demande pourquoi nous n'aurions pas les seize maisons, et les cousins la dix-septième.

A ce moment, la porte de la boutique s'ouvrit brusquement.

C'était Colimard qui revenait de chez le notaire.

Il était pâle, hagard, sous le coup d'une violente émotion.

Non, je ne saurais exprimer avec quelle poignante anxiété sa femme lui lança un :

— Eh bien???

Et comme le mari, tout essoufflé, ne répondait pas assez vite, elle le secoua nerveusement :

— Parle! mais parle donc!!!

— Eh bien!... il ne nous laisse *que* trente mille francs pour le petit!

Madame Colimard retomba froide et brisée sur son siège, et, entre ses dents serrées par la rage, siffla cette phrase de remercîment :
— O la canaille !!!

1862.

LES PETITS VOLS

L'HISTOIRE DE CINQUANTE SOUS

(LES PETITS VOLS)

Soyons indulgents pour ceux qui succombent à la misère ou à la tentation. Quel est le juste qui n'a pas été, au moins une fois, un tantinet filou ?

Et voici comme on peut y venir :

La caisse ne payait que le lendemain ! — Je cherchais donc au fin fond de ma bourse les moyens de passer les vingt-quatre heures qui me séparaient du bienheureux émargement. — J'étais sauvé ! car une invitation en ville me garantissait mon dîner et il me restait encore cinq francs pour déjeuner.

Justement j'avais très faim ce matin-là, et j'allais me rendre chez Brébant avec la ferme intention de dévorer mes cent sous jusqu'au dernier centime, quand on frappa à ma porte. C'était un camarade qui, ayant cru que le mois n'avait que trente jours, venait, la bourse vide, me faire un appel de fonds.

Nous partageâmes fraternellement ma fortune.

Ainsi écornée de cinquante sous, ma pièce ne me permettant plus le splendide Brébant, je me dirigeai donc mélancoliquement vers un bouillon Duval.

Je touchais déjà la porte, quand je me sentis embrassé tout à coup par deux bras, en même temps qu'une voix joyeuse s'écriait :

— Ah ! voilà une heureuse rencontre !

Et je reconnus un bon et aimable Danois dont j'avais fait la connaissance à Copenhague, où il m'avait choyé, fêté, hébergé, etc., enfin une généreuse hospitalité que je m'étais bien promis de lui rendre à Paris, lors de son premier voyage.

Le moment était venu !... oui, mais je n'avais que cinquante sous !!!

Je lui aurais bien dit que je me rendais à une audience très pressée du ministre, mais il m'avait malheureusement surpris la main sur le bouton de porte de l'établissement Duval :

— Tiens, vous entriez là ? me dit-il.

Vous comprenez le frisson de crainte et l'hypocrisie du sourire avec lesquels je répliquai :

— Suis-je assez en chance pour que vous n'ayez pas encore déjeuné?

— Malheureusement je sors de table... J'ai déjeuné... et amplement déjeuné, je vous le jure.

A cette réponse, mon cœur se dilata.

— J'entre avec vous, ajouta-t-il, nous causerons pendant votre repas.

Plein de confiance, je l'introduisis dans la salle.

Il me parla de Copenhague assez longuement pour que mon bifteck eût le temps d'être cuit et servi devant moi par la fille de salle.

Je me penchais déjà pour le couper, quand tout à coup :

— Hé! hé! fit mon homme, mais ça m'a l'air appétissant!

J'eus froid dans le dos! — Oh! cher lecteur, je vous l'affirme, je n'eus pas besoin de relever la tête pour lire la convoitise dans les yeux du Danois; au son de sa voix, j'avais deviné tout de suite qu'il allait compléter sa phrase par :

— J'en mangerais bien un!!!

— C'est un peu lourd après votre déjeuner, lui objectai-je.

— Bah! je digère mieux que l'autruche.

— ... Et un peu dur.

— Je mâche du fer, ajouta-t-il avec un sourire qui découvrit des dents si larges, si solides, et surtout si profondément plantées, que c'était à croire qu'il s'asseyait sur l'extrémité des racines.

Pendant qu'il donnait ses ordres à la servante, je faisais mentalement ce calcul rapide : deux bifteck, 24... et 8 de vin, 32... et 6 de pain, 38!!!

De 38 à 50, j'avais encore 12 sous de marge.

Aussi quand il se retourna, il me vit souriant, et, ma bouteille à la main, inclinant le goulot sur son verre pour lui faire partager mon vin.

Il m'arrêta vivement la main.

— Non, me dit-il, je ne bois jamais de vin à mon déjeuner.

J'eus un instant le fol espoir qu'il préférait l'eau.

— J'aime mieux la bière, déclara-t-il.

Il demandait à peine sa chope à la servante, que je m'étais déjà dit tout bas : 38 et 7 de bière font 45 !

J'étais encore au-dessus de mes affaires, mais une vague inquiétude m'agitait. Je n'envisageais pas précisément l'avenir avec cette sérénité d'âme de l'homme qui a cent mille livres de rentes.

Je mangeais lentement, lentement, lentement, dans l'espérance de voir mon convive s'impatienter et prendre son chapeau, car depuis longtemps son bifteck avait disparu comme une simple pastille.

La fatalité fit que, sans qu'on lui eût rien demandé, la fille de salle... une zélée maladroite ! une empressée stupide ! vint placer sur la table un triangle de fromage de Brie. Dans la prévision d'un malheur, je voulus d'abord résister, mais j'avais très faim, je vous l'ai dit ; de plus, ma bourse me conseillait tout bas : « 45 et 3 de Brie, 48 ; tu peux encore y aller... » Et puis le Danois paraissait si occupé par son récit de voyage, que, toutes ces tentations aidant, j'attirai fort doucettement l'assiette devant moi, en regardant bien mon homme dans les yeux pour ne pas détourner son rayon visuel sur l'assiette.

Hélas! j'avais compté sans l'arome du Brie qui monta aux narines de mon terrible convive.

Il abaissa aussitôt son regard sur la table :

— Tiens! que mangez-vous donc là?

— Du Brie... un fromage du pays.

— Est-ce bon?

— Peuh! peuh! peuh! fis-je avec une feinte grimace de dégoût.

— Ma foi! tant pis! on voyage afin de s'instruire...

Plus prompt que l'éclair, je lui tendis l'assiette pour un partage.

Le misérable avait bon cœur!!!

— Non, dit-il, je ne veux pas vous priver... Holà! servante, une nouvelle portion.

Cet ordre me retentit au cerveau, ma vue s'obscurcit et, à mes oreilles qui tintaient, j'entendis la voix d'une sévère arithmétique qui me sifflait : « 48 et 3 font cinquante et UN!!! »

UN! c'est-à-dire l'affront qui m'attendait au comptoir! UN! le sourire ironique de cette fille de salle!

UN! l'aveu de ma misère devant mon hôte!

Vingt fois en deux secondes, dans ma cervelle en feu, je refis mon compte sans pouvoir me débarrasser de ce *un* qui revenait menaçant.

Cependant les clients, qui arrivaient en foule, réclamaient des places. La servante, pour obtenir notre table, n'attendit pas ma demande de l'addition.

C'est de ce jour que j'ai cru à la seconde vue, car en ce moment, sans tourner la tête, je sentis cette fille m'arriver dans le dos, avec son papier redouté à la main.

Je fermai les yeux pour ne pas voir l'affreux... le redoutable UN qui excédait ma fortune.

Mais jugez de ma stupéfaction, quand j'entendis mon convive s'écrier :

— Tiens! quarante-*quatre* sous, ce n'est pas cher!

Quarante-quatre! Je bondis sur le papier...

Ah! lecteur, on a bien raison de dire qu'il est une Providence miséricordieuse pour les honnêtes gens!

Ils avaient oublié de compter la bière!!!

Aussi, je le répète, soyons indulgents pour ceux qui succombent à la misère ou à la tentation. Quel est le juste qui n'a pas été, au moins une fois, un peu filou?

LES MANIES

LA DAME DU COMPTOIR

(LES MANIES)

Oui, monsieur, inspectez les feuilles de présence à mon ministère, vous verrez que je n'ai pas à me reprocher, en vingt ans, une seule minute de retard, et cependant je m'écrie : « L'exactitude est un exécrable défaut !!! »

Foin de ces gens qui sont toujours là, une montre au poing, arrivant à l'heure juste et vous disant : « Hein ! suis-je bien à la minute ? Ils sont nuisibles à eux-mêmes et désagréables aux autres ! Ou désagréables aux autres : parce que vous comptiez avoir fini, avant leur arrivée, telle ou telle chose que leur exactitude vous force d'interrompre. Ou nuisibles à eux-mêmes, parce que, sachant leur exactitude, vous n'avez rien voulu entamer aux dix dernières minutes ; que vous vous impatientez après leur arrivée pendant qu'ils guettent dehors, l'œil à l'aiguille de leur montre, le triomphe d'apparaître à la seconde voulue ; de sorte qu'à leur entrée, ils sont pour vous, qui attendiez, d'un quart d'heure en retard.

Oui, monsieur, moi qui, pendant vingt ans, servis à régler sur mon passage toutes les horloges du quartier, je vous le répète : « L'exactitude est un exécrable défaut ! » Et je m'en suis guéri, car je lui dois un des plus affreux chagrins de ma vie.

Écoutez et jugez :

J'ai, durant sept longues années, déjeuné dans le même café. A onze heures cinq minutes, j'ouvrais la porte ; à midi moins cinq, je la refermais.

Inutile de vous faire l'éloge de la dame du comptoir ! Qu'il vous suffise de savoir que, dès ma première tasse de café, elle régna sur mon cœur. Mon regard lui dit-il que je l'aimais ? devina-t-elle mon amour ? Je l'ignore ; mais nous nous aimâmes à distance, sans mot dire, pendant sept ans... car je mis sept ans à me rapprocher de son comptoir assez près pour lui parler sans la compromettre.

Oui, sept ans ! pour avancer de la table numéro 7, que j'occupais à mon début, jusqu'au numéro 1, qui touchait le comptoir ! Que voulez-vous ? monsieur, j'étais si exact que j'arrivais toujours une demi-heure après six abonnés aussi exacts que moi. Que d'adresse il me fallut pour les déposséder de ces six tables qui me séparaient de mon ange !

Le numéro 6 ne tint pas longtemps ; je me mis à couper du bouchon, et, les nerfs agacés, il quitta la place dont je m'emparai.

Six mois après, un hasard me débarrassa du numéro 5, qui était superstitieux. Le garçon brisa un verre et répandit le café sur cette table, que son propriétaire déserta tout craintif. Elle devint mienne.

En deux séances, j'eus raison du numéro 4, qui faisait un petit somme habituel après son repas. Je dansai si bien sur ma banquette, que ce trémoussement amena un tangage à tel point désagréable pour le dormeur qu'il alla porter ses habitudes dans une autre salle.

Le numéro 3 ne dura qu'un jour. La vue de mes tartines de beurre, noires de caviar, que je trempais dans mon café au lait, lui souleva si fort le cœur, qu'il n'eut que le temps bien juste de fuir cet épouvantable spectacle.

Le numéro 2 ! Oh ! le numéro 2 !! Je tremble encore quand j'y pense ! Je mis quatre ans à le déposséder ! Sans les regards de mon ange, qui encourageaient mes efforts à me rapprocher, j'aurais renoncé au numéro 2.

Mais, me direz-vous, pourquoi ne vous êtes-vous pas évité tant de peine en avançant votre déjeuner de deux heures, ce qui vous aurait rendu maître des tables ? Ou, plutôt, que ne veniez-vous, dans la journée, à un de ces instants où le café désert vous aurait permis d'entretenir votre belle à loisir ? Ah ! voilà ! c'est que, je vous l'ai dit, j'étais exact, j'avais la bêtise d'être exact. Ma vie était si bien réglée que vous ne m'auriez pas même fait dire « *tu* » à une femme à un autre moment que le deuxième dimanche du mois, de quatre heures dix a quatre heures cinquante.

Je reviens à mon numéro 2.

Le bouchon coupé, le caviar, la danse des banquettes, tout fut inutile avec lui, par cette raison qu'il était sourd, borgne de mon côté, et que ma banquette ne touchait pas la sienne. Je voulus le prendre par l'avarice, et, sur sa table, au coin de son coude borgne, j'empilais verres, assiettes, carafes, qu'il poussait bientôt à terre. Ce n'était, chaque matin, entre nous, qu'une montagne de débris qu'il payait sans même s'étonner de sa maladresse. Le cafetier en fît même une spéculation, en ne lui servant qu'un matériel fêlé que le malheureux soldait comme neuf.

En quatre ans, le numéro 2 a cassé de quoi monter le ménage de toutes ces peuplades sauvages de l'Océanie qui manquent tellement du nécessaire, qu'avec une seule paire de gants dix hommes s'habillent. Pauvre numéro 2 ! Je le plains aujourd'hui ! Car j'ai appris plus tard que s'il était tant opiniâtre au poste, c'est qu'il aimait aussi la dame du comptoir. Enfin, à bout de moyens après quatre années, je songeais à adresser sur lui une lettre anonyme à la préfecture de police, quand il eut la chance d'être écrasé par une de ces voitures de laitier ou de boucher que, j'ignore pourquoi, la police laisse courir à toute volée dans les rues de Paris.

De ma nouvelle place au numéro 2, si je ne touchais pas encore la terre promise, j'en sentais au moins les doux parfums. Je respirais l'odeur des carrés de sucre que mon ange caressait de ses blanches mains après avoir manié d'ignobles sous maculés de vert-de-gris; je humais à pleins poumons l'arome de l'eau de fleur d'oranger qu'elle versait dans ces vilaines petites bouteilles rondes qui ressssemblent à un oignon blanc.

Un obstacle me séparait encore d'elle.

C'était le numéro 1.

Je résolus de le renverser.

Dès ce jour, je lui déclarai la guerre.

Un terrible homme que ce numéro 1, je vous le jure!! Ancien capitaine de gendarmerie, fort comme un Turc, barbu, moustachu, et par-dessus tout galant et monotone; car, tournant son gros œil vers mon adorée, il lui répétait d'heure en heure, depuis huit ans, cette invariable phrase : « Je suis comme le lierre, je meurs où je m'attache. »

Ce qui me rassurait peu sur la prochaine possession de sa table, car il était bâti à vivre cent ans.

Je cherchai à amadouer le monstre par des contes lestes et des calembours; mais, tordant sa moustache grise, il tarissait tout à coup ma verve en hurlant de sa voix de cuivre : « C'est en perdant son temps à faire des calembours que Grouchy est arrivé en retard !! » — Ce renseignement historique me surprit la première fois.

Ah ! je vous promets que si la France avait égaré son code pendant vingt-quatre heures seulement, j'en aurais profité pour poignarder le terrible capitaine... dans le dos. — Enfin, le ciel prit pitié de mon amour, et la fée de la dysenterie cueillit un beau matin cet exécrable rival.

Enfin, je m'installai au numéro *un !!!*

J'étais près d'elle !!! — Je contemplais son buste gracieux sortant du comptoir, j'admirais ses cheveux noirs, sa bouche mignonne, etc., etc. — Sept ans écoulés avaient bien un peu altéré tous ses charmes, mais je la voyais toujours avec les yeux de... ma première tasse de café !

Je renonce à vous dépeindre l'émotion, en partie double, de ce moment envié depuis si longtemps. La joie nous étouffait ; nous perdions la tête ; je trempais ma mouillette dans la carafe et je vidais mon café dans mon porte-monnaie ; elle empilait les sous sur ses petits plateaux et mettait les morceaux de sucre dans sa caisse.

Les grandes passions ne sont pas bavardes ; un court dialogue suffit pour nous lier l'un à l'autre, sans que le public fût dans la confidence.

En affectant de lire le nom du chapelier dans mon chapeau, je lui soufflai du fond de la coiffe : « Je t'aime. »

En feignant d'essuyer un bol à punch, elle me renvoya : « Je t'aime. »

A quoi je répliquai aussitôt :

— Sois ma femme ! à demain, chez mon notaire, à neuf heures trente-cinq.

(Neuf heures trente-cinq, c'était l'heure de mon pédicure, mais mon amour désordonné me faisait sacrifier pour une fois mon exactitude).

Le lendemain, à l'heure dite, j'étais tout délirant de passion, chez M⁰ Crosse, mon notaire.

Je ne tarissais pas en éloges sur le compte de mon adorée, pendant que cet officier ministériel préparait son papier timbré.

— Vous allez la voir, blonde! belle! élancée! une main de reine! une gorge de déesse! une taille d'enfant! — Voilà sept ans que je l'aime.

Tout à coup, mon notaire me demanda :

— Est-elle grande ou petite ?

Cette fort simple question m'interdit; je ne pus que répondre :

— Je n'en sais rien.

— Comment? vous n'en savez rien! Voilà sept ans que vous l'aimez, et vous ignorez si elle est petite ou grande ?

— C'est la vérité pure; je ne l'ai jamais vu autrement qu'assise dans son comptoir... c'est-à-dire jusqu'à la ceinture.

— Mais vous avez dû pourtant vous rencontrer ailleurs... à la promenade, au théâtre, au bain ?

— Jamais autre part qu'à son café... et je suis si exact en tout, ma vie est si réglée que je n'ai pu, aucun jour, consacrer mon temps à cet ange que de onze heures cinq à midi moins cinq, moment où je la trouvais et je la quittais assise à son comptoir.

J'achevais à peine que la porte de l'étude s'ouvrit.

Ma fiancée entrait.

Tout à coup je poussai un cri d'horreur et je m'évanouis sur les genoux du notaire.

La bien-aimée de mon cœur, l'ange de mes rêves avait deux jambes de bois !!!

Mai 1863.

L'HYPOCRISIE

LE PETIT MONUMENT

(L'HYPOCRISIE)

M. Denis Pigache avait une fabrique de bâtons de maréchal de France.

Pendant quarante années d'un incessant labeur, il a soupiré après le doux moment du repos dans une maison de campagne avec salle de billard, et, ce vœu enfin réalisé, il vient de mourir d'ennui après dix-huit mois d'inactivité.

Bref, le roman de bien des commerçants!

Sa veuve éplorée (une femme qui voit juste et sait compter) est venue chez le marbrier pour lui commander le petit monument qui doit consacrer son éternelle douleur.

Elle fond en larmes en donnant ses ordres!

— Ah! j'ai perdu la perle des hommes, monsieur! je n'ai qu'à lui reprocher de n'avoir pas voulu m'attendre pour s'en aller. Que vais-je devenir? seule sur cette terre!... Pauvre chéri! si caressant! si doux! En vingt ans de ménage, il en était encore à lever la main sur moi!!!

— A un tel homme, il faut une pyramide... du prix de deux mille écus.

— L'étouffer sous une montagne de pierres! lui qui vivait sans cravate et demandait toujours de l'air!

— Nous avons alors le monument chapelle, très à la mode en ce moment, qui vaut ses trois mille francs.

— Mettre entre quatre murs mon pauvre chéri, qui ne se plaisait que sur l'impériale des omnibus!

— Pour ces natures-là, nous possédons la grille d'entourage avec le marbre debout... c'est gracieux, bien aéré et du prix de 1.000 francs, y compris les dix vers d'épitaphe en lettres carrées.

— Des vers! ah! monsieur, n'y gravez que ce cri de mon cœur :

A LA MÉMOIRE

De mon cher Époux

DENIS PIGACHE

!!!

ATTENDS-MOI!!!

Oui, une simple pierre... que vous élèverez dans un coin de notre parc, derrière les buissons touffus où il aimait régulièrement à s'isoler après son déjeuner et son dîner... Doux ami ! il portait bonheur à cet endroit, car tout y poussait avec une vigueur incroyable.

— Dans le bas un peu vide du marbre, graverons-nous un sablier demi-plein ?

— Est-ce compris dans les mille francs ?

— Oui, madame... un sablier ou un autre emblème, à votre choix.

— En ce cas, au lieu du sablier, je préfère un saint Denis, c'était le patron du cher homme.

— Très bien, on vous le gravera de profil.

— De profil ! alors vous me retirez un bras et une jambe ! Il me semble que pour 1.000 francs, j'ai bien droit à l'avoir complet.

— Mais, madame, c'est pour obtenir le mouvement plus facile !

— Le mouvement! est-ce qu'il se figure qu'il va gambader? Qu'il se tienne tranquille, mais qu'il soit complet, voilà ce que je veux.

— Je vous le ferai de face.

— Et chaussé surtout! entendez-vous? et chaussé! Je ne veux pas d'un va-nu-pieds qui ferait dire que je n'aimais pas mon mari et que j'ai lésiné pour chausser son patron.

— Oui, en sandales.

— Des scandales!!!

— Des sandales, vous dis-je; c'était la chaussure de l'époque... une semelle qui s'attachait avec une courroie sur le pied.

— Ah! oui, je la connais votre chaussure... merci!... ça lui donnerait l'air d'un frotteur dont la brosse n'a plus son crin.

— Mais cependant, madame, nous ne pouvons lui mettre des bottes.

— Et pourquoi pas?

— Les anciens n'en portaient point.

— Alors ils n'en étaient que plus à plaindre, surtout s'ils habitaient la province, où les rues sont généralement pavées avec des pierres à fusil. — A quoi pensez-vous?

— Je cherche un moyen d'éviter les sandales... Ah! si nous le faisions se promenant dans l'herbe haute?

— Il aura l'air d'être au vert.

— Je ne vois donc qu'à lui faire mettre ses pieds à l'eau.

— Tiens! votre eau me donne une idée! faites-le au moment du miracle... quand, après la décollation, il partit emportant sa tête à la main, et que, arrivé sur les bords de l'Orge, comme sa tête le gênait pour nager, il la prit entre ses dents.

— Ah !!!

— C'est comme je vous l'affirme... Faites-le déjà entré dans l'eau et sa tête aux dents.

— Impossible !

— Pourquoi ?

— Ça nous est formellement défendu par la police... On ne veut pas laisser soupçonner aux malfaiteurs qu'après la peine de mort tout n'est pas fini, et qu'il leur reste encore des moyens de mal faire. Tenez, croyez-moi, mettons-le pieds nus.

— Non, non ! Justement, de ce temps-là, ils s'habillaient avec des peignoirs de bain... il aurait trop l'air de sortir de sa baignoire.

— Nous ne pouvons cependant pas l'habiller en garde national ?

— Mettez-le comme vous voudrez, mais je ne veux pas du costume de l'époque.

— Faisons-le nu... sur le point de s'habiller... avec ses effets dans un foulard... Comme ça, on ne saura pas ce qu'il va mettre.

— (*Pudique.*) Ah ! non, non.

— Dame, cela me paraît assez difficile... sans vêtements... de ne pas le représenter complètement nu..., à moins de le mettre dans un filet ?

— Alors, je renonce au patron de mon pauvre défunt.

— Tenez, nous ferions mieux de nous en tenir à l'allégorie ; par exemple, une faux à côté d'un épi coupé... c'est peu, mais saisissant et de bon goût.

— C'est bien simple.

— Eh bien, faisons le Génie du commerce, fondant en larmes et entouré de toutes les qualités personnifiées du défunt, qui le consolent et lui montrent le ciel. — Il avait des qualités, feu M. Pigache, n'est-il pas vrai ?

— Il les avait toutes, monsieur, toutes !

— Alors nous obtiendrons des masses d'un très bon effet pour les groupes du second plan.

— Et ça me coûtera ?...

— Nous vous passerons le génie du commerce dans le prix convenu... et nous ajouterons vingt francs par qualité, — vous le voyez, c'est une bagatelle quand il s'agit de rendre justice à un défunt regretté. — Tenez, j'ai fait le même monument pour le mari de madame Tournisier... elle ne voulait pas se remarier, il est vrai... mais le groupe des qualités était si éloquent que pas un homme n'aurait osé aller demander la main de la veuve, tant on était persuadé qu'on ne pourrait pas remplacer le défunt.

— Ah!!!!!!

— Et elle m'a payé aussi les qualités vingt francs la pièce. — Pour revenir à votre bas-relief... nous vous mettrons à gauche le Génie du commerce, et, tout près, la Probité...

— Oh ! Pigache était honnête, c'est vrai... c'est-à-dire qu'il avait une probité... de commerçant, vous savez ?... Économisons les vingt francs de cette qualité-là.

— Ne la mettons pas si vous le désirez. Nous la remplacerons par la Douceur et la Bonté.

— Oui, il était bon et doux... mais avec moi seulement... et par crainte ; ses ouvriers avaient beaucoup à se plaindre de ses emportements et de sa brutalité... Supprimons les vingt francs de douceur.

— Alors! plaçons la Chasteté et la Fidélité conjugale.

— Oh! il me répugne trop de dire la vérité sur une tombe... mais j'ai changé jusqu'à vingt-deux fois de cuisinière en un seul mois. — Il m'a fallu tout l'amour que je portais à mon mari pour ne pas laisser percer toutes mes souffrances d'épouse payée d'ingratitude.

— J'aurais cru M. Pigache d'un sang moins vif.

— Il cachait si bien son jeu! Vous n'aurez pas besoin de représenter la Franchise, car si quelqu'un savait tromper son monde, c'était bien lui. C'est comme l'Économie, vous pouvez la rayer... Je n'ai jamais eu le courage d'additionner les sommes que monsieur trouvait bon de dépenser pour ses plaisirs immoraux.

— Cette prodigalité avait peut-être un autre motif, car M. Pigache passait pour être fort charitable.

— Lui! charitable!... quand on le voyait, c'est possible!... sur la place de la Concorde, à l'heure où tout le monde revient du Bois!... Mais se donner la peine de monter dans un taudis pour y porter une voie de bois, il était trop égoïste pour cela!... Ah! vous pouvez sans crainte biffer la Charité.

— Notre Génie du commerce va être bien seul.

— Dame! je n'avais pas trouvé la pie au nid comme votre madame Tournisier, avec son mari qu'on ne peut pas remplacer. Si son phénix est cause qu'elle se complaît dans l'âcre joie du veuvage, je ne puis malheureusement pas en dire autant... Je ne fais point ostentation de ma douleur, moi! Dieu me préserve de me remarier! mais je ne veux pas qu'un marbre menteur laisse croire qu'un second mari est impossible... Quitte à moi à ne jamais m'en servir.

— Alors nous mettrons simplement le Génie du commerce?

— J'y réfléchis, j'aurais l'air de ne voir rien au-dessus du commerce et de mépriser la noblesse.

— Très bien! Va pour l'épitaphe seulement... ce cri de votre cœur, comme vous l'appelez! Mettons-nous l'âge du défunt?

— Il est inutile de conter à l'univers que Pigache avait soixante-sept ans.

— Je crois cependant que pour *meubler* le bas de notre marbre, nous serons obligés de revenir à l'allégorie de la faux et de l'épi fauché.

— A quelle hauteur le faucherez-vous... votre épi?

— Mais, je crois qu'à... soixante-sept ans, nous pouvons le faucher presque à ras de terre.

— Oh! non! on se dirait alors : « Mais quel âge a donc sa veuve?... »

— Mettons à moitié de la hauteur.

— Pas tout à fait.

— En dessous?

— En dessus.

— Ainsi, voilà qui est bien convenu... la faux, l'épi... et tout en haut, votre cri du cœur? Je vous proposerai même, pour le cri du cœur, de graver le commencement en lettres dorées... et le... ATTENDS-MOI! en lettres rouges qui le feront mieux ressortir et appelleront plus l'attention.

— Ah! vous êtes donc d'avis que cela peut appeler l'attention?.

— Sans aucun doute, madame; votre *Attends-moi* possède le même sens, sous une forme plus délicate que l'allégorie de madame Tournisier, qui décourage tout second mari; on voit bien la veuve qui n'espère plus de consolation à son malheur.

— Ah! vraiment? (*Elle réfléchit.*)

— Vous n'avez pas d'autres ordres à me donner?

— Tenez, je trouve que le *Attends-moi* n'exprime pas bien ma pensée. Mon cher défunt a tant et si longtemps souffert, que je voudrais faire bien comprendre que la mort a été pour lui une délivrance... Donc, au lieu de *Attends-moi*, mettez ce seul mot:

ENFIN!!!!!

(NOTE DE L'AUTEUR.) Pour calmer les lecteurs effarouchés, ajoutons que madame veuve Pigache avait été réellement malheureuse en ménage.

POUR LA GALERIE

LE GÉNÉRAL PUBLIC

(POUR LA GALERIE)

Le premier monsieur commanda :
— Garçon, un beefsteak.
Aussitôt son voisin s'écria :
— Vous m'en donnerez un aussi.
— Aux pommes.
— Le mien au cresson.
— Pas cuit.
— Très cuit.

.*.

Alors le monsieur du *beefsteak pommes pas cuit* se tourna vers le monsieur du *beefsteak cresson très cuit*, et, d'un ton furieux, lui dit :

— Vous moquez-vous de moi?
— A quel propos? lui répliqua l'autre.
— Je demande mon beefsteak aux pommes, vous le criez au cresson; je le veux pas cuit et vous l'exigez très cuit. C'est donc un parti pris de me chercher querelle?
— Permettez... je...
— Ou vous affectez de ne rien faire comme les autres! vous êtes un original!
— Très-Cuit, fort de son innocence, croyant avoir affaire à un voisin déjà ivre, voulait feindre de n'avoir pas entendu, quant tout à coup retentit derrière lui un vigoureux :
— *Hum! hum!*

Il se retourna et reconnut LE GÉNÉRAL PUBLIC qui dînait à une table voisine.

.*.

— Connaissez-vous ce général Public?

Un gros homme curieux, bavard, médisant, allant colporter partout les plus incroyables niaiseries dont il se fait l'écho.

On le méprise, mais on le salue; on est aux petits soins pour lui plaire et attirer son attention. — Capricieux et bête, le général Public est cruel et exigeant. — Combien étaient nés forts et vaillants qui sont morts ignorés et rompus faute d'avoir voulu céder le pas ou tirer humblement leur chapeau à cet important personnage.

Bref, quand il entendit la phrase : « Vous êtes un original ! » le général Public, qui savourait une magnifique sole au vin blanc, leva vivement la tête, et la face empourprée, l'œil fixe, il envoya son robuste :

— *Hum ! hum !*

.·.

Certes, il n'y avait pas de quoi fouetter un chat.

Mais l'infortuné très cuit, naguère si pacifique, se dit aussitôt :

— Je ne puis reculer : le général Public, qui a tout entendu, irait clabauder.

Alors, se retournant vers Pas-Cuit :

— Votre carte, je vous prie ; voici la mienne.

L'échange eut lieu, et chacun d'eux lut le nom inscrit. Ils étaient deux cousins germains, qui, après une absence de vingt ans, pendant laquelle ils avaient échangé cent lettres d'amitié, s'étaient donné rendez-vous dans ce restaurant, où ils s'attendaient mutuellement faute de se reconnaître.

Chacun d'eux eût embrassé l'autre, mais le général était là qui les fixait de ses gros yeux ronds en continuant ses : *Hum ! hum !*

Aussi chaque adversaire, du ton le plus sec, et en posant devant le général, dit à l'autre :
— A demain, monsieur !

.°.

A la porte du restaurant, Pas-Cuit pensait ainsi :
— Mon cousin m'a appelé « original », ce qui n'a jamais été une injure ; il ne m'en veut pas et je n'ai aucune raison de le haïr. A cause du général Public, nous nous sommes bêtement laissés aller à faire de la dignité ; mais je vais consulter Tripotot, qui a eu vingt duels ; c'est un délicat d'honneur qui arrangera l'affaire en douceur.

.°.

Tripotot, ce délicat d'honneur qui avait eu vingt duels, ne s'était jamais battu et n'avait même pas l'envie de se jamais battre.

Seulement, il avait eu la chance d'être témoin dans vingt rencontres rendues notoires par les journaux et les débats judiciaires ; et le rôle passif qu'il y avait joué avait pris, dans le souvenir confus des gens, un caractère plus crâne ; aussi disait-on de lui :

— Tripotot ? mais, attendez donc, il a eu des duels à foison : j'ai vu son nom dans plus de cinquante affaires ; méfiez-vous, c'est une fine lame.

Pas un duel ne pointait sans que déjà l'un des futurs combattants ne se fût dit :

— Tripotot doit s'y connaître, je le prendrai pour témoin.

Et chacun allait naïvement grossir la réputation meurtrière de Tripotot, qui ne lâchait jamais une occasion de corser sa renommée.

.˙.

— Quand il t'a appelé « original », quel était son maintien ? demanda Tripotot.

— Il était assis.

— Fâcheux !!! signe de mépris, *l'honneur est engagé !* Autre point très important ; quelle intonation a-t-il donnée à cette injure ?

— Aucune ; il avait la bouche pleine.

— La bouche pleine !!! tu en es sûr ?

— Dame ! il n'avait pas la bouche pleine comme quand on dit : « j'ai la bouche pleine », mais enfin il avait la bouche pleine.

— Triste ! triste ! *l'honneur est de plus en plus engagé !* impolitesse évidente et prouvant bien l'intention de l'insulte.

— Mais « original » n'a jamais été une insulte.

— C'est selon, ne t'y trompe pas. Que quelqu'un te dise : « Vous êtes un original, et je voudrais que vous vous désoriginalisassiez, » là c'est un vœu, un désir, qui n'a rien d'insolent ; mais le mot « original » dit par un homme la bouche pleine et assis, diable, c'est bien différent! *l'honneur est complètement engagé!*

.*.

— Mais, dans ce cas, qu'appelles-tu l'honneur?
— Parbleu! l'honneur, c'est l'honneur, il n'en est pas deux, j'imagine!
— Ah!
Au même instant, on entendit retentir dans la rue le : « *Hum! hum!* » du général Public, qui passait sous les fenêtres.
— Tu le vois, il n'y a pas à reculer, le Public s'impatiente.
— Je me bats donc pour lui?
— Précisément.
— Alors, ce n'est plus pour l'honneur?
— C'est justement à cause du général Public que l'honneur se trouve si gravement engagé!

.*.

A ce moment entra Carubic, autre étoffe à témoin.

Un bien terrible homme que ce Carubic!!!

C'était lui qui avait expédié le gros-major prussien, un colosse qui pesait cinq cents livres et broyait des écus entre ses doigts.

Un jour, le Prussien avait dit :
— La pluie va continuer jusqu'à ce soir.
Le susceptible Carubic, qui n'avait pas de para-

pluie, crut deviner une intention railleuse contre sa situation. De mot en mot, l'affaire, qui s'envenima, fut close par une provocation. Entre deux pareils fanatiques de *l'honneur*, un duel ne pouvait se terminer par une piqûre, c'était un combat sans merci, c'était la mort !

Ils se rendirent au pôle Nord, au milieu des glaces, pour être plus à l'aise et loin des gendarmes. A cinq pas, chacun devait essuyer quatre fois le feu d'un revolver à six coups ; total : vingt-quatre balles !

Au premier coup, l'arme de Carubic éclata.

Le major logea ses six jolies balles dans le ventre de son adversaire, pour premier plat; mais, comme il allait charger le second service, Carubic empoigna par les cuisses le gros-major, qui pesait cinq cents livres, le souleva de terre et — hein ! — le déchira en deux jusqu'au cou !

Puis il le laissa sur un glaçon et revint en France, où ce terrible duel, sans témoins, serait resté inconnu si Carubic n'avait bavardé. N'oublions pas d'ajouter qu'il était né en Gascogne.

Quand on lui disait :

— X... t'a giflé, et tu n'as rien dit.

— Z... t'a donné son pied au... et tu t'es simplement écrié : « *O ma mère!* »

Il vous répondait gravement avec un sourire de douloureux regret :

— Depuis l'affaire du gros-major, j'ai fait serment de ne plus me battre en duel.

Il allait être le second témoin de Très-Cuit.

.*.

— Voici la situation en deux mots, lui dit Tripotot : notre ami a été appelé « original » par un monsieur qui avait la bouche pleine et était assis.
— Assis!... Quand s'est-il levé?
— Aussitôt après la provocation.
— Ce qui prouve qu'il était venu dans l'intention de nous insulter ; *l'honneur* est non-seulement engagé, il est même compromis, décida net Carubic.
— Heureusement que notre position d'insulté nous donne le choix des armes, ajouta Tripotot.
— Prenez le pistolet, j'y suis excessivement adroit, s'écria Très-Cuit.
— Impossible alors!... ton adresse nous empêche de prêter les mains à un assassinat.
— Mais je ne sais pas tenir une épée!
— C'est malheureux!... mais notre *honneur* nous défend d'autoriser le pistolet.
— Alors, qu'entendez-vous par le choix des armes?
Carubic fut beau de susceptibilité :
— Pas d'observations! Tu nous a constitués, oui ou non, les gardiens de ton *honneur;* si c'est oui, repose-toi donc sur nous.

.*.

Après les avoir quittés, Très-Cuit se disait :
— Ah çà! ils m'ennuient avec leur *honneur* à

toutes sauces, surtout pour une niaiserie pareille !

Et comme il se trouvait dans le passage Jouffroy, il alla s'y poster à l'entrée.

Il arrêta le premier passant :

— Monsieur, lui dit-il, comment comprenez-vous le point d'honneur?

C'était un commis de nouveautés, qui répondit :

— C'est de couler à la pratique une marchandise passée de mode.

Un autre lui dit :

— C'est de mourir pour son drapeau.

Puis un autre :

— C'est de payer à l'échéance.

Le suivant répliqua :

— C'est de ne pas bavarder sur le compte des camarades devant les juges.

Très-Cuit, fort embarrassé, murmura à chacune de ces différentes réponses :

— Ce n'est pas là précisément mon cas. J'ai fort envie d'envoyer tout au diable!

Mais, à ce moment, il vit passer devant lui le gros général Public, dont l'œil dédaigneux le fixait d'une manière étrange.

Il poussait en même temps un « *Hum!* » des plus sévères qui semblait vouloir dire :

— Quoi! encore en vie ?

— Maudit Public! gronda Très-Cuit, sans lui je serais à rire avec mon cousin, au lieu de paraître avoir soif de son sang... que je sais être gâté dès l'enfance.

⁂

Il se rendit chez le maître d'armes Picraide et lui expliqua la chose.

— Très bien !... *L'h nneur est engagé!* je vois ça. Combien d'années de salle ?

— Je n'ai jamais tenu l'épée.

— Parfait! nous en sortirons heureusement en nous faisant crever un bras ; douze fois sur vingt, cette blessure-là n'est pas dangereuse ; ainsi rassurez-vous.

Et il lui brisa bras et jambes pour lui enseigner un coup unique, miraculeux et surtout infaillible.

Une, deux...

L'adversaire vous crevait le bras.

Trois...

Et on lui plantait sa rapière dans le ventre.

C'était un coup fort simple. — Un coup infaillible, je le répète.

⁂

Le soir, Très-Cuit se rencontra avec ses témoins, qui le prirent à part.

— Tout va bien : demain matin, à six heures, on vous laissera en prendre à votre aise. Séparons-nous pour ne pas éveiller l'attention de la police.

Et les deux témoins s'en allèrent par les boulevards, arrêtant les passants pour leur annoncer ce duel avec une discrétion pleine de mystère.

.˙.

Sa lampe allumée près du lit, évoquant dans sa veille fiévreuse tous les souvenirs de sa vie, le pauvre Très-Cuit, couché sur le dos, passa la nuit à contempler une tache au plafond, en se répétant :
— Demain, à cette heure-ci, je ne la reverrai peut-être plus !!! Maudit Public ! sans lui *l'honneur n'était pas engagé!*

.˙.

Au point du jour, les témoins arrivèrent en habits de fête pour faire la toilette du patient, qui se disait :
— Quelle contenance tenir ?
Si je suis triste, on dira que j'ai peur ;
Si je parle, on croira que je veux m'étourdir ;
Si je suis gai, on prétendra que je pose.

.˙.

Dans le fiacre, son moral avait grand besoin d'être relevé. Aussi ses témoins ne manquèrent pas à ce devoir.

— Tu n'as pas de dernière commission à me confier, lui demanda lugubrement Carubic.
— Non.
— Alors, raidis-toi.
— Mais je n'ai pas peur.
— Du reste, je comprends ça. Tout le monde n'est pas de bronze.

Quant à Tripotot, de temps en temps il passait mélancoliquement la main sur le cou de Très-Cuit, et, sans mot dire, il le regardait d'un œil attendri.

Puis les deux témoins s'écrièrent tout à coup :

— Tiens, nous n'avons pas pensé à un chirurgien !

Ils appelaient cela : « Lui remonter le moral ! »

.·.

Cependant Très-Cuit se tenait le nez à la portière du fiacre, en se disant :

— Si le cinquième passant a dans son habillement... *même en comptant le linge...* quelque chose de blanc, ce sera bon signe pour moi.

Mais comme ce passant attendu était un sombre soldat des chasseurs de Vincennes en guêtre de cuir, il ajouta vite :

— Naturellement les militaires ne sont pas compris.

Et guettant l'arrivée du sixième passant, qui était un croque-mort, il se pâmait d'espoir à la vue de sa cravate blanche. Un croque-mort!!! — Le désespéré s'accroche à tout !

En descendant de voiture, il se disait encore :

— Non, nous n'allons pas nous battre, il est impossible que les témoins nous laissent croiser le fer pour un si minime prétexte.

Le : *Allez, messieurs*, le tira seul de son erreur.

Dame! Pourquoi les témoins auraient-ils arrangé l'affaire? Ils ne tenaient pas à être blagués le soir au Club par ce même général Public, qui les appellerait des *témoins de carton*.

.•.

Alors Très-Cuit comprit que c'était le vrai moment d'employer la fameuse botte de Picraide.

Ah! c'était une bien belle botte!

Infaillible surtout! Tellement infaillible que Picraide ne s'était jamais donné la peine d'enseigner une parade inutile.

Il avait montré le coup à Très-Cuit.

Mais une heure avant il l'avait aussi enseigné à son adversaire Pas-Cuit.

De sorte que Très-Cuit put s'assurer combien il était immanquable, car, en même temps qu'il embrochait son cousin, ce dernier le crevait de part en part.

Ils firent couic et s'étalèrent.

L'honneur était enfin satisfait!

Au moment même où Très-Cuit était tué, le général Public hurla un : *Hum!* des plus formidables.

Puis, la figure illuminée de joie, il s'écria :

— Ah ! la mâtine, je la tiens enfin !

Et de ses deux doigts il cueillit sur sa langue tirée une arête de sole qui, depuis la scène du restaurant, lui était resté dans le gosier.

C'était dans le but de chasser ce corps étranger

qu'il avait poussé ces : *Hum!* si mal interprétés par **Très-Cuit.**

⁂

Ainsi, sans motif, sans haine, et même sans courage, le malheureux s'était fait tuer pour le général Public, qui n'avait jamais songé à lui.

C'est l'histoire de quatre-vingt-dix-neuf duels sur cent.

On se bat uniquement pour la galerie.

LA CRÉDULITÉ

LA MÉDAILLE DU REVERS

(LA CRÉDULITÉ)

~~~~~~~

M. Barlette, mari d'une femme charmante, entre chez son ami comme une bombe. Les traits contractés par la rage, il piétine en fou furieux et il frappe à coups de poing sur tous les meubles. Son ami cherche à le calmer.

Le mari. — Ah! l'infâme! la misérable!!
L'ami. — Au lieu de briser les meubles, mon

cher Barlette, vous feriez mieux de m'expliquer à qui s'adressent vos injures.

Le mari. — C'est vrai! (*Éclatant en sanglots.*) Ma femme me trompe! mon ami, elle me trompe! — (*Avec rage.*) Ah! je la tuerai!

L'ami. — La tuer! Est-ce que vous êtes joueur?

Le mari (*pleurant.*) — Je joue un peu au piquet.

L'ami. — Au piquet!!! Ah! alors, vous n'avez pas de motif pour la tuer. — Avoir tué sa femme... c'est un fétiche... ça porte bonheur au jeu... mais, au moins, faut-il que ce soit pour un jeu qui en vaille la peine! Chacun, moi le premier, vous jetterait la pierre si vous aviez tué votre femme pour de simples quatorze d'as — il ne faut jamais gaspiller une chance.

Le mari (*étonné*). — Mais je la tue uniquement parce qu'elle m'a trompé.

L'ami. — Je veux bien le croire, mais la médisance du monde dira que c'est pour des quatorze d'as. D'abord, êtes-vous sûr qu'elle vous ait trompé? N'est-ce pas plutôt une pose de votre part?

Le mari (*indigné*). — Comment, une pose?

L'ami. — Oui, il y a des gens qui posent à l'époux trahi pour voler la sympathie de leur cuisinière. — Crier que vous avez été trompé par votre femme m'étonne de vous, qui visez d'ordinaire à l'originalité... Ah! si vous en étiez certain, ce serait autre chose...

Le mari (*vivement*). — Mais j'en suis sûr autant que peut l'être un mari dont la femme a passé cinq heures dans une grotte avec un jeune homme... un jeune homme du Midi! là, sous mes yeux!

L'AMI. — Cinq heures! Mais, en ne la voyant pas sortir, pourquoi, au bout de dix minutes... le temps de ne pas paraître indiscret... n'êtes-vous pas allé la chercher?

LE MARI. — Impossible! ils avaient été surpris et emprisonnés par la marée. — Ah! gredin de docteur! Figurez-vous que je me désolais de n'avoir pas d'enfants; le médecin me dit : « Rien ne vaut l'eau de mer pour le cas de stérilité. » —Alors, moi, j'ai eu la bêtise de croire aux bains de mer... mais pas si complets, grands dieux! Et quand je pense que cet imbécile de médecin va se rengorger et me dire : « Vous voyez que mon ordonnance vous a assez bien réussi! » (*Avec fureur.*) Oui, mon cher, cinq heures dans une grotte, pendant que, désespéré sur la falaise, je m'arrachais tous les cheveux.

L'AMI. — Vous aviez tort... une tête dépouillée de ses cheveux n'a jamais été un moyen de séduction pour ramener une femme égarée.

LE MARI. — Égarée! vous l'avouez vous-même... Elle m'a trompé, n'est-ce pas, dites-le-moi franchement?

L'AMI. — Il n'y a que votre femme qui pourrait vous répondre à cette question.

LE MARI. — Elle nie énergiquement... elle ajoute même : « Que ma tante meure à l'instant si j'ai ça seulement à me reprocher! »

L'AMI. — Alors vous avez tort d'être incrédule,

car on ne joue pas légèrement avec la vie d'une tante.

Le mari. — Ah! ouiche! celle-là a mis tout son bien en viager; c'est une tante sans importance dont on peut disposer. (*Avec fureur.*) Oh! je tuerai ma femme, voyez-vous! Si au moins elle avouait... Mais non, elle me soutient en face qu'elle n'a pensé qu'à moi dans la grotte... Prétendre me faire croire qu'en cinq heures! dans une grotte!! avec un jeune homme du Midi!!! ce garçon-là n'est pas devenu pour elle plus qu'un frère!

L'ami. — Vous voyez tout en noir.

Le mari. — Mais cinq heures! songez-y donc, cinq heures dans une grotte avec un méridional! et elle m'affirme que le sacripant n'en est pas sorti son meilleur ami.

L'ami. — Elle a raison; on peut être resté cinq heures avec une femme dans une grotte et en sortir sans être son meilleur ami; car, en cinq heures, on a aussi le temps de s'étudier et... de rompre.

Le mari, *froissé dans son amour-propre.* — Pourquoi romprait-il, le misérable? Pauline est charmante, bien élevée, de bonne famille... Mais je le tuerai aussi, le gredin qui fait le dédaigneux... Pauline vaut cent fois mieux que ce mauvais architecte sans talent, qui devrait s'estimer trop heureux...

L'ami. — Ah! c'est un architecte!

Le mari. — Oui, un architecte... sans talent, je le répète; car s'il avait le moindre mérite il trouverait à s'occuper autrement qu'à perdre son temps dans des grottes.

L'AMI, *rêveur*. — Un architecte... vous avez de la chance !

LE MARI. — Comment, de la chance ?

L'AMI. — Oui, oui, je me comprends. Je m'expliquerais avec un autre ; mais vous, votre rage de tout tuer, tout massacrer, me fait peur. Oh ! je vous vois d'ici ; vous pensez à tendre le traquenard ordinaire : « Ma bonne amie, prépare-moi une malle, je suis obligé d'aller passer trois jours à Gonesse. » Puis vous reviendrez le soir avec un énorme couteau de cuisine. Entre nous, je ne vous conseille pas le couteau, parce que vous pouvez avoir affaire à un gars bien décidé qui vous désarme et vous fiche une danse ; — tandis qu'avec un bon pistolet... pif ! paf !... Le plus malin y est pris à distance. Seulement, l'arme peut éclater et vous emporter quatre ou cinq doigts. De plus, l'explosion fait scandale, la maison est affichée et le propriétaire, furieux, vous flanque congé... ce qui est gênant quand on tient à son logement.

LE MARI. — Comme moi au mien ; mon père y a habité pendant vingt-huit ans et j'y reste depuis douze années ; — c'est une patrie pour moi... Je crois que je mourrais de chagrin dans un autre local.

L'AMI. — Sans compter que, quand on est installé depuis si longtemps, on a fait faire des meubles spéciaux pour telle place ou telle encoignure, qui ne peuvent plus aller nulle part ailleurs ; alors il faut vendre à perte, le déménagement vous ruine...

Le mari. — J'ai un buffet dans ce cas-là.

L'ami. — Voyez-vous ! Il me semble qu'à votre place, si j'avais la main levée pour frapper un coupable, en flagrant délit, mon bras serait retenu par cette seule pensée : « Où mettrai-je mon buffet ? » Et puis, entre nous, en y réfléchissant bien — et surtout en admettant cette hypothèse impossible d'une épouse infidèle — je crois qu'on a généralement tort de se faire un monstre de l'architecte. C'est un individu sédentaire qui s'attache aux maisons qu'il construit ; l'obligation de vérifier les mémoires lui donne une certaine habitude de droiture qui fait qu'il comprend les nombreuses obligations imposées par telle ou telle situation. Tenez, vous êtes gros, la marche vous fatigue ?

Le mari. — Oh ! oui ! ce m'est un supplice quand il faut accompagner Pauline, qui adore les longues courses à pied.

L'ami. — Il est bien évident qu'un bras, de vos amis, qui s'offrirait pour vous éviter cette corvée vous exempterait de ces scènes désagréables qui vous sont faites pour vous décider à sortir ; car elle n'a pas un caractère des plus commodes, votre femme ?

Le mari. — Entêtée et surtout nerveuse ; au premier abord, elle paraît douce.

L'ami. — Bigre ! on a le temps d'apprécier un tel caractère en cinq heures de grotte.

Le mari. — J'ai dit cinq heures ?... Il n'y en avait

peut-être que quatre. Dans la colère, on ne compte pas toujours bien exactement.

L'ami. — Mettons-en trois.

Le mari. — Soit !

L'ami. — Eh bien ! voilà donc une femme promenée par un architecte (qui, en trois heures, n'a pas eu le temps d'étudier son caractère dans la grotte); plus de ces scènes irritantes qui précédaient toujours, pour le mari, la demande de ces promenades ; on lui est reconnaissante du plaisir qu'il procure ; pour lui des sourires, des caresses et des prévenances ; le mauvais du caractère est gardé pour l'architecte qui souffre héroïquement en se disant : « Je l'ai détournée de ses devoirs ! » Je suppose même que, comme entre vous et votre femme, une certaine inégalité d'âge sépare les deux époux.

Le mari. — Moi, j'ai cinquante-six ans, Pauline en a vingt-quatre.

L'ami. — Cinquante-six ans, l'âge du repos ! Vingt-quatre ans, l'âge de la floraison... et nerveuse. Ce qu'à votre âge on traite de préjugés paraît choses sérieuses au sien ; c'est le rôle de l'intermédiaire de lui faire entendre raison, et alors, calmée et moins ambitieuse, la femme se fait un devoir de laisser toute liberté au mari.

Le mari. — On ne le chicane plus pour son cercle...

L'ami. — Ou son café...

Le mari, *séduit*. — On va et on vient...

L'ami. — Et avec d'autant plus de tranquillité qu'on sait que sa femme ne reste pas seule à la maison, où la solitude pourrait lui donner de mauvaises pensées. Pourvu qu'il rentre à l'heure indiquée, on n'en demande pas plus au mari. Et quelles économies de toilette pour l'époux d'une femme qu'un architecte amène à préférer son foyer aux bals et aux soirées !

Le mari. — La toilette rend Pauline folle.

L'ami. — Ils auront dû causer toilette pendant les deux heures de grotte... car ils y sont restés pendant deux heures, m'avez-vous dit?

Le mari. — Je vous répète que, dans la fureur, on ne se rend pas bien compte du temps.

L'ami. — Admettons une petite heure seulement.

Le mari. — Si vous le voulez.

L'ami. — Pour toute épouse qui a son architecte, la toilette devient donc forcément modeste : c'est tout au plus s'il reste au mari à payer à sa femme quelques robes foncées pour se glisser dans l'ombre.

Le mari. — Il fera chaud quand Pauline renoncera à la toilette...

L'ami. — Il ne faut jamais jurer de rien sur une femme qui a son architecte.

Le mari. — Ou qu'elle sacrifiera le bal; elle ne rêve que valse à deux temps.

L'ami. — Avec un architecte, la valse à deux temps n'a qu'un temps; cet état est casanier, — ou s'il fréquente les salons, c'est dans le monde officiel, pour obtenir des travaux du gouvernement ; alors, dans ce cas-là, il a les nouvelles de première main, et, à un moment donné, il peut dire à l'oreille du mari : « Si vous avez des fonds, achetez bien vite tels terrains. » Puis, un beau matin, un jury d'expropriation vient offrir dix fois le prix d'acquisition.

Le mari. — C'est pourtant vrai, ce que vous dites là. Tenez, M. de Machelard, un parent éloigné que ma femme avait retrouvé, m'a dit un jour : « Si vous avez de l'argent, achetez donc le rond-point de Courbevoie ; il est question d'y placer une statue de Napoléon Ier, on vous payera le terrain ce que voudrez. » Je n'ai pas cru à la nouvelle et j'ai raté ma fortune.

L'ami. — Vous voyez comme on manque quelquefois l'occasion de laisser une belle fortune à ses enfants.

Le mari. — Mais vous savez bien que je n'ai pas d'enfants.

L'ami. — On ne doit jamais désespérer de rien. Quand la tranquillité rentre dans un ménage, elle opère quelquefois des miracles. Il ne faut pas, par exemple, qu'un mari se mette tout à coup à brailler et gesticuler en menaçant de tuer tout le monde parce qu'on est deux à l'aimer.

Le mari. — Tiens ! vous êtes bon ! Mettez-vous à ma place.

L'ami. — Quoi ? parce que votre femme est restée une petite demi-heure dans une grotte !

Le mari. — Oh ! une demi-heure !

L'ami. — Vous souffriez, m'avez-vous dit, et quand on souffre... Tenez, faites-vous arracher une dent, vous supposez aussitôt que le dentiste passe sa vie sur votre mâchoire, et, quand il vous montre la dent, vous êtes étonné de voir qu'il ne s'est pas écoulé plus de six secondes. C'est là votre cas ; votre femme n'a sans doute fait qu'entrer et sortir, et vous vous êtes imaginé des siècles.

Le mari. — C'est peut-être vrai.

L'ami. — Voulez-vous être franc avec moi ?

Le mari. — Oui.

L'ami. — Permettez-moi une simple question.

Le mari. — Laquelle ?

L'ami. — Êtes-vous positivement sûr que votre femme ait été un seul instant dans la grotte ?

Le mari. — Dame ! c'est elle-même qui me l'a dit. Je la cherchais partout, et quand, en la trouvant, je lui ai dit : « D'où viens-tu ? » elle m'a appris qu'elle avait été surprise par la marée, etc.

L'ami. — Et c'est sur ce naïf aveu que vous vous forgez des chimères ?

Le mari. — Il y a de quoi.

L'ami. — Il était si facile à votre femme d'inventer un mensonge au lieu d'avouer la vérité.

Le mari. — C'est vrai !

L'ami. — Et quand, dans sa pureté de conscience, elle vous a tout dit, vous... qui n'y étiez pas... vous prétendez mieux savoir ce qui s'est passé dans la grotte que votre femme qui y est restée cinq heures... car je veux bien vous accorder ces cinq heures auxquelles vous paraissez tant tenir, — et alors vous vous transformez en machine à égorger.

Le mari. — Vous savez qu'on n'est pas toujours maître de son premier mouvement de colère.

L'ami. — Oui, mais c'est ainsi qu'on met malheureusement tous les torts de son côté... et qu'on se fait des ennemis.

Le mari. — Comment? Là, vrai! c'est moi qui ai eu tous les torts?

L'ami. — Non seulement vous avez suspecté votre vertueuse Pauline, mais vous avez dû insulter ce pauvre jeune homme.

Le mari. — Je l'avoue.

L'ami. — Que lui avez-vous dit?

Le mari. — Je l'ai appelé : « Propre à rien. »

L'ami. — Et qu'a-t-il répondu?

Le mari. — Il a souri ironiquement.

L'ami. — Il avait pitié de votre folie. Votre femme vous pardonnera si vous savez vous y prendre par quelque cadeau; mais voilà un jeune homme qui conservera toujours une bien médiocre idée de votre reconnaissance et de votre urbanité.

Le mari. — J'en suis honteux, car, c'est comme un fait exprès, nous demeurons porte à porte, et je suis exposé cent fois par jour à le croiser dans la rue.

L'ami. — Faites-lui vos excuses à la première rencontre.

Le mari. — Je n'oserai jamais.

L'ami. — Trouvez un adroit moyen de rapprochement.

Le mari. — Il me vient une idée.

L'ami. — Laquelle ?

Le mari. — Je vais le faire inviter à dîner par ma femme. (*Avec remords.*) Pourvu qu'il accepte, grands dieux !!

L'ORGUEIL

LE ROI DES GENDRES

(L'ORGUEIL)

~~~~~~

La scène se passe dans un établissement d'utilité première au prix fixe de : QUINZE CENTIMES. Une véritable dame est assise à la caisse. A droite et à gauche, un couloir percé de portes latérales ouvrant sur d'étroites cellules.

Un monsieur sort d'un de ces réduits précités, et, son argent à la main, se présente à la caisse.

La marchande (*gracieuse*). — Ah ! monsieur, il y

a bien longtemps qu'on ne vous a vu ! (*Avec un sourire.*) Vous nous avez fait des infidélités !

Le monsieur. — ....!

La marchande. — Vous avez été malade ? Raison de plus ! alors, raison de plus !!

Le monsieur. — ....!

La marchande. — Ah ! si votre mal était au pied, c'est au-dessous de ma compétence. — Nous ne vous aurions pas vu aujourd'hui, que Gaétan avait l'intention d'aller demain chez vous s'informer si vous aviez eu à vous plaindre.

Le monsieur. — ....?

La marchande. — Gaétan ? c'est mon second gendre, aujourd'hui veuf et inspecteur à la halle au beurre. Je devrais même dire mon unique gendre, car j'ai rompu avec le premier, M. de Mouchtoit, qui est dans les honneurs, et trouve bon de mépriser un commerce où il a pêché une dot. Quand il courtisait Mathilde, c'était une autre gamme : — « Ma bonne madame Lesourd, me disait-il, je vais ce soir au bal du ministère ; donnez-moi donc de vos adresses, je les distribuerai ; j'ai de belles connaissances et je vous ferai une jolie clientèle. » — Ah ! ouiche ! quand il a eu palpé le magot, je n'ai vu aucune de ces fameuses connaissances.... sauf son tailleur. Dans son orgueil, il voudrait me faire vendre ce fonds qui, depuis quarante ans est pour moi une patrie pleine de doux souvenirs. — J'y ai passé ma lune de miel. — Je me rappelle encore le soir de nos noces, quand Lesourd m'amena ici : tout était si neuf et si frais que, par une coquetterie de jeune fille qui s'établit, je voulais aller tout conter à mes amies de pension. Nous n'avions alors d'autres enseignes que : *C'est ici;* moi je taquinais Lesourd pour obtenir : *Reposoirs hygiéniques;* quand, le jour de ma fête, comme cadeau, il fit inscrire en lettres roses : *Au général Cambronne,* cette gloire de la France qu'on n'avait pas encore dépouillée. Depuis, tout a prospéré; le ciel a béni nos sueurs ainsi que celles de Gaétan qui continua l'œuvre de son beau-père défunt. Le tracas des affaires nous a consolés tous deux de notre commun veuvage.

Le monsieur. — ....?

La marchande. — Je dois être riche, dites-vous? — Malheureusement, non. On se figure que nous gagnons des mille et des cents; quelle erreur! Il reste bien peu de chose, croyez-moi, quand on a payé les impôts, les fournitures et surtout la remise aux médecins qui nous ronge. Je ne vous parle pas des réparations perpétuelles à exécuter, car il est des gens qui éprouvent le besoin de mal faire. Nous avons beau repeindre nos murs à neuf, le lendemain une main a écrit : *Ici, le photographe Pierre Legrand opère lui-même,* ou autres devises moins innocentes. Comment empêcher cela? On ne peut cependant pas faire suivre chaque consommateur par un sergent de ville? — Oh! oui, allez! nous sommes dévorés par les frais! Si j'étais riche comme vous le pensez, je me retirerais à la campagne, et Gaétan, — qui sait combien, à mon âge, il est pénible de changer d'air, — me louerait une chambre à Bondy pour que la transition fût moins brusque. — Là, j'aurais au moins le temps de lire mon journal...

LE MONSIEUR. — ....?

LA MARCHANDE. — Quel est mon journal de prédilection ? — Si c'est comme lectrice, j'aime le *Voleur* et le *Petit Journal*. — Si c'est comme commerçante, je préfère le *Journal des Débats*, parce qu'il donne ses 38 carrés à la feuille. *La Nation* fournit également ses 38 carrés, mais il y en a deux « pour enfants. » — Ah ! c'est un beau rêve impossible que cette vie à la campagne ! M. de Mouchtoit espère en vain me voir vendre mon fonds ; j'y trouverai ma fosse et, après moi, Gaétan continuera la vieille réputation de la maison !

LE MONSIEUR. — ....?

LA MARCHANDE. — Non, je n'ai pas de préférence pour mon second gendre, mais je trouve juste d'être reconnaissante envers Gaétan pour son dévouement. Tenez, je crois vous avoir dit qu'il est inspecteur à la halle au beurre depuis vingt ans ? Eh bien, jamais, aussitôt son ouvrage fini là-bas, il n'a manqué d'accourir ici pour faire un peu de toilette et se laver les mains, afin d'être prêt à m'aider à l'heure de la sortie de la Bourse, qui est le moment de notre coup de feu. — Oh ! nous n'avons pas besoin de lire le bulletin pour connaître les fluctuations de la Bourse ! Nous jugeons tout de suite d'après la catégorie de nos abonnés. Depuis six semaines, nous avons les *haussiers;* demain, peut-être, viendront les *baissiers;* — à tour de rôle ils arrivent ici... comme à l'ambulance. Si vous voyiez alors combien Gaétan est bon avec ces messieurs ! pour tous il trouve un petit mot d'espoir et d'encouragement, afin de leur raffermir le moral... et cependant il plaide contre son Saint ! Oui, monsieur, c'est la Bourse qui forme notre clientèle. — Le public qui fréquente les tavernes italiennes n'est pas mauvais non plus. Nous avons peu d'avocats, ils parlent plus qu'ils n'agissent. — Pour la magistrature, la magistrature assise surtout, j'ignore si cela tient à la profession, mais nous la voyons tout au plus deux fois par an... et encore aux vendanges ! — Quand à l'armée, elle suit son drapeau.

(A ce moment, une voix qui chante se fait entendre derrière une des portes.)

LA VOIX

L'hiver sur nous met son manteau de glace,
Mais bénissons ses frimas bienfaisants,
Car sur le grain tout glaçon qui se place
Doit protéger le pain des artisans.
C'est grâce aux froids que les moissons nouvelles
Ne craindront plus les insectes divers.
Réchauffons-nous aux baisers de nos belles,
Et, verre en main, célébrons les hivers.

LE MONSIEUR. — ....?

LA MARCHANDE. — Il paraît que c'est un poète que le grand monde s'arrache pour ses fêtes et ses dîners ; comme on force toujours sa porte, il vient ici se recueillir pour travailler. Il a passé traité avec un éditeur pour lui fournir tout un volume de *chansons inédites* de Béranger. J'ai hâte qu'il ait terminé sa commande pour être payée de ma petite note.

LA VOIX

L'aigle des Francs à la grandeur du monde
Sut mesurer son orbe audacieux.
L'hiver borna la course vagabonde
De son char d'or, il a roulé des cieux;
Mais en tombant sous les neiges mortelles,
Il fit jaillir des lauriers toujours verts.
Réchauffons-nous aux baisers de nos belles,
Et, verre en main, célébrons les hivers.

LE MONSIEUR. — !!!

LA MARCHANDE. — Oh! monsieur, quel blasphème!! ne dites donc pas que c'est stupide. « Cet aigle qui fait son orbe et qui roule de son char en faisant jaillir des lauriers », est-ce assez beau!! Comme il attrape bien la touche du maître! on dirait du vrai Béranger!!

LA VOIX

Un jour d'hiver, Lise a fait ma conquête;
Il m'en souvient, c'était au coin du feu,
Elle étendit sa jambe si bien faite;
Ma main alors......

(La voix s'éteint.)

LE MONSIEUR. — ....?

LA MARCHANDE. — Oui, vous avez raison. Avec ses chants il trouble les pratiques, et je m'en débarrasserais bien volontiers, mais Gaétan dit que chacun doit encourager les arts suivant ses moyens. Il est fou des poètes. A la Révolution de février, nous en logions un qui ne savait où coucher, et j'avoue même (car il avait un faux air du ministre en fuite) que j'ai eu assez peur pour lui, quand le peuple est entré ici afin de piller — à ce moment-là on faisait arme de tout, — et que Gaétan a arrêté la foule par la fermeté de ces simples paroles : « Il est trop tard ! tout a été enlevé la nuit dernière. »

Ah ! monsieur, nous parlons de 1848, voilà une triste époque pour notre maison !! Au lieu de nous venir voir, les bourgeois restaient enfermés et *mouraient* de peur chez eux ! C'est alors que mon gendre m'a dit : « Mettons une seconde corde à notre arc. » Et aussitôt, tous les jours, par la pluie, le vent et la neige, il a eu le courage d'aller tout dans le haut du faubourg Saint-Jacques prendre des leçons de cathétérisme. Probablement avait-il des dispositions naturelles, car j'entends la légèreté de sa main portée aux nues par ses clients, qui viennent chaque soir lui demander de leur assurer la tranquillité de la nuit ; il y a même un vieux monsieur qui lui répète toujours « Gaétan, quand j'ai affaire à vous, je crois boire du bordeaux de la comète. »

Oui, monsieur, c'est un garçon extraordinaire dont j'ai apprécié toute la valeur quand j'ai cru le perdre au choléra de 1856. — Pour répondre au besoin du moment... (une troisième corde encore à son arc !)... il avait annexé les divertissements à l'eau de riz. — Par malheur, autant il est industrieux, de même il est économe ; le cœur lui saignant de voir jeter tout ce riz crevé, il en fit sa nourriture exclusive. Vous connaissez l'effet de cette céréale ? De sorte que mon pauvre gendre...

alors que tout le monde péchait par l'excès contraire... avait complètement perdu ses habitudes ! Il mourait étouffé, et, le plus horrible, ICI !! ici même !... un vrai supplice de Tantale !! Comprenez-vous bien cette mort... comme Moïse... en vue de la terre promise ! — Un miracle l'a enfin rendu à ma tendresse.

Le monsieur. — ....?

La marchande. — Non, malheureusement ! je sais fort bien qu'un homme n'a pas besoin d'être un Adonis pour être employé à la halle au beurre, mais je dois avouer que Gaétan n'a pas de physique... (ma pauvre fille ne regardait pas à la figure !)... et cela nuit à son avancement. Tenez, nous avons son inspecteur en chef qui vient ici nous visiter quelquefois... à l'époque des fruits. — Je n'ose pas l'inviter à dîner, car, vous le savez, dans le commerce, on est tellement logé à l'étroit ! surtout ici, où nous vivons presque sur le public. — Bref, il m'a toujours dit : « Si Gaétan avait eu du physique, depuis dix ans il aurait tout le beurre de Paris sur le dos. » — Ce qui complique encore son malheur, c'est que le gouvernement nous en veut.

Le monsieur. — ...???

La marchande. — Oui, à propos des contributions. Un jour je dis au clerc du percepteur : « Je sais qu'il me manque quatorze francs, je vous les apporterai demain. » Là-dessus, il me répond sèchement : « Laissez votre montre. » Alors la colère me grimpe et je lui réplique : « Est-ce que vous attendez après mon argent pour vous acheter de la politesse? » Il est devenu blanc comme un linge et n'a soufflé mot, mais il a tout conté à son patron qui l'a répété à son chef de division, etc., etc.; enfin, de fil en aiguille, c'est arrivé jusqu'au ministre qui s'est écrié : « Ah! c'est comme ça? je me vengerai! » Et la nuit suivante, il a fait construire une colonne Rambuteau devant notre porte. — Puis, ils se sont tous mis à monter une cabale contre moi, en prétendant que les tuyaux en plomb pour la conduite des eaux étaient malsains, qu'il fallait les supprimer, etc., et, tout cela, afin de nous retirer d'un seul coup la pratique des étrangers auxquels l'eau de Paris intriguait le corps.

Le monsieur. — ....!!

La marchande. — Imprudence! oui, vous avez raison; j'ai peut-être eu la langue trop vive, mais, voyez-vous, c'est que je suis une honnête femme, moi! Je n'ai jamais fait tort d'un sou à personne! — On peut aller aux renseignements chez M. Domange, qui, depuis vingt ans, me fait mes *déménagements*. — Il m'estime, celui-là! car cent fois il m'a dit : « Madame Lesourd, vous marchez en tête pour les engrais de premier choix. » C'est vrai aussi, car je n'ai jamais sophistiqué mes produits, moi! je les livre purs de tout mélange comme je les reçois du client. Je ne fais pas comme certains de mes collègues qui y introduisent un tas de choses par amour-propre, pour augmenter la quantité et avoir l'air de faire un plus grand chiffre d'affaires. Tenez, chez notre concurrent d'en face, on y a trouvé un jour un dictionnaire de Bescherelle, — à coup sûr il n'y était pas venu *naturellement*, — et il n'en faut pas plus pour perdre une maison ! Aussi, aujourd'hui, est-il en faillite ; l'huissier est venu pour saisir.

Le monsieur. — ....!!

La marchande. — Oui, c'est malheureux, mais, au fond, ce n'est que justice. Ces gens-là voulaient trop gagner — et cependant, ce n'est pas pour nous vanter, mais, dans notre commerce, nous recevons à la fois l'argent et la marchandise. Ils avaient des lésineries ruineuses ; c'est ainsi qu'ils se fournissaient dans la plus mauvaise papeterie d'Angoulême. — Une vraie toile d'araignée qui trahissait la confiance !!! Nous, au contraire — et Gaétan y tient la main — nous donnons ce qui se fait de mieux à Angoulême ! (nous en avons même au chiffre et aux armes de ceux qui le désirent). Comme cela notre conscience est tranquille, et s'il arrive un malheur, c'est à des maladroits ou à des gens qui s'exercent. — Bonne marchandise et à discrétion ! telle est la devise de Gaétan.

Le monsieur. — ....!!

La marchande. — Oui, à discrétion ! Au premier abord nous paraissons faire une folie, mais, à la fin de l'année, quand nous faisons notre inventaire, tout se compense et ne revient pas à plus de trois cure-dents par tête. — Il y a les Français qui, peut-être, abusent un peu ; mais nous nous rattrapons complètement sur les Espagnols ! — Gaétan dit toujours que, dans le commerce, qui ne risque rien n'a rien et qu'il faut, au besoin, savoir faire des sacrifices et perdre de l'argent...

Le monsieur. — ...??

La marchande. — Vous demandez si nous perdons de l'argent? mais à chaque instant! monsieur. Tenez, un exemple. — Nous recevions un vieux monsieur, qui venait peut-être dix fois par jour avec des espérances; il n'y avait que le soir qu'il obtenait un peu de réussite. Gaétan, qui est fort observateur, l'a bien examiné et m'a dit : c'est un vieux militaire qui dévore sa retraite en tentatives; il faut lui proposer un forfait. Alors nous lui avons fait faire un passe-partout que Gaétan lui a donné en ajoutant : « Vous êtes de la maison, seulement, tous les mois offrez quelques fleurs à ma belle-mère. » Nous nous adressions malheureusement à un homme passionné, qui fit de son passe-partout un moyen d'être aimable; aussi, toute la journée, c'était une procession de femmes qui venaient nous dire : « J'ai la clef du major. » Comme l'entrée était personnelle, Gaétan a supprimé la clef, mais, bon jusqu'au bout, il lui a dit : « Allez, venez; les jours de succès, vous nous donnerez cinq centimes... juste nos frais, je m'en rapporte à votre délicatesse. » — Il se mit à aller et venir sans relâche, mais il sortait toujours en me disant : « Plaignez-moi ! » — Après huit mois écoulés, comme nous n'avions pas encore reçu son sou, Gaétan, étonné, alla consulter un grand médecin, qui s'écria : « Huit mois sans produire, c'est impossible! cet homme se vante!! » — Alors Gaétan eut l'idée de le pincer sur le fait et fit placer un timbre au fond de l'appareil. Je vivrais cent ans que je n'oublierais pas notre émotion quand il arriva; nous étions blancs comme neige à l'idée de prendre un vieux militaire en flagrant délit de mensonge. — Il était à peine enfermé que : *ding! ding!!* c'était le timbre. — Gaétan me dit : « il est pincé; nous avons notre sou. » — Et bien, monsieur, pas du tout! il osa nous soutenir que le bruit venait de sa montre qui était tombée de son gousset. Il parlait même de nous la faire payer. Tout de suite Gaétan, qui a suspecté une intention de mauvaise foi, a préféré perdre notre sou que de mettre le juge de paix là-dedans.

Le monsieur. — .... ??

La marchande. — Lui! peur du vieux militaire! Dites plutôt qu'il abhorre les procès. Quand celui-là aura peur, on vendra l'or dans les rues à six sous la livre. On voit bien que vous n'étiez pas là, il y a deux ans! Figurez-vous... (une quatrième corde ajoutée encore à notre arc !)... qu'il avait eu l'idée d'insérer dans notre programme : *Ici on fait son courrier.* Mais les grugeurs, qui sont à la piste de tout, ne s'étaient-ils pas mis à amener leurs secrétaires... un moyen détourné pour ne payer qu'un couvert. Si vous aviez vu la fureur de Gaétan quand il les a balayés; j'en ai tremblé. Ah! on peut le dire de lui, c'est un vrai lion avec les hommes et une brebis avec les dames!

Le monsieur. — ...??

La marchande. — Vous demandez s'il est galant?? Oh! oui. C'est un homme qui se couperait la tête s'il savait qu'une dame en eût envie pour la pomme de son ombrelle, et il le ferait sans arrière-pensée... nullement pour gagner la timbale. — Au premier de l'an, toutes nos dames clientes ont trouvé dans leurs loges une boîte de la maison Siraudin, offerte par lui! Jugez encore : depuis cinq mois, il ne m'a pas remis un sou de ses appointements de la Halle au beurre; je ne dis rien, car je sais pourquoi il économise ainsi en cachette. — Il veut... (aujourd'hui qu'on fume partout!)... que nous ayons, au fond de la cour, des compartiments réservés pour dames, bien séparés et tout spéciaux... Cette mesure (une cinquième corde qu'il met encore à notre arc!)... cette mesure, dis-je, sera une sûreté pour les mères de famille qui n'auront plus à craindre qu'une lettre, déposée d'avance par un amoureux, vienne exposer leurs filles à un roman par correspondance. — Avec cette séparation, nous coupons aussi l'herbe sous le pied à ces gens qui abusent de ce qu'une dame peut les entendre pour se permettre des bruits que rien ne motive.

Le monsieur. — ...!!!

La marchande. — Sur mon honneur! c'est comme je vous le dis. — Tenez : il vient ici un jeune homme, M. de Fontaineblard, qui, entre nous, en tient pour Henri V... Dès qu'il est entré, on n'entend plus que lui! Il vous fend la tête et appelle cela des imitations du Niagara! — C'est peut-être assez drôle, je le veux bien. — Mais s'il croit que c'est ainsi qu'on honore son parti, il se trompe fort! On m'a dit qu'il n'a jamais pu trouver à se marier; je le comprends sans peine s'il colporte aussi dans les salons ses plaisanteries qui m'ont fait perdre plus de cent clients. — Vous le voyez, monsieur, si notre profession a ses charmes, elle offre aussi ses déboires et nous ne vivons pas absolument sur les roses; mais la pensée que je suis utile à mes semblables m'a toujours soutenue et me fera mourir à mon poste. (*Avec joie.*) Voici Gaétan; je reconnais son pas.

(Entrée de Gaétan encore pâle d'effroi.)

GAÉTAN (*avec tendresse.*) — O! ma mère! remercions le ciel, qui vient de nous sauver d'un grand danger!

LA COMMERÇANTE (*avec espoir.*) — Est-ce qu'ils ont enfin renoncé à supprimer les tuyaux de plomb.

GAÉTAN (*poursuivant.*) — Non, c'est bien autre chose... Ce matin, en allant au beurre, je rencontre Vaudel, le garçon de bureau, qui m'apprend une épouvantable nouvelle. Je bondis à l'Hôtel de ville où se trouvaient les plans; la Commission d'enquête était en séance; je force sa porte et je lui dis : « Est-il vrai que vous voulez faire passer un nouveau boulevard sur notre maison du *général Cambronne*? — Oui, me répond le préfet. — Pourquoi? — Parce que ce boulevard répond à un besoin qui se fait vivement sentir. — Et nous, lui ai-je demandé, est-ce que nous ne *répondons* pas au même but? » — Alors il a réfléchi vingt secondes, puis il a dit : « C'est vrai! » et, se tournant vers un secrétaire, il a ajouté : « Vous obliquerez le tracé sur la gauche. »

La marchande (*avec de douces larmes de reconnaissance*). — O! Gaétan, tu seras toujours ma Providence !!

1862.

TABLE DES MATIÈRES

	Pages
La Méfiance. — Le Guillotiné par la persuasion.	3
La Vanité. — Deux vers de Properce.	15
La Colère. — Le lâche qui bat les femmes.	29
La Ruse. — Le biais de mon parrain	41
L'Effronterie. — Le père d'Adolphe	57
L'Ostentation. — Modeste asile	71
L'Avarice. — Le rôtisseur dans l'embarras.	87
Les Petites lâchetés. — L'amant de cœur	101
L'Humeur de dogue. — Venus pour s'amuser.	113
La Misanthropie. — Le pendu par conviction.	125
La Gourmandise. — Un ami de trente ans	139
L'Entêtement. — Nous avons du monde à dîner.	153
La Luxure. — Le sort d'un amour éternel.	167
La Jalousie. — Les métamorphoses d'une brioche	179
La Niaiserie. — Absent de son enterrement.	191
La Haine. — Les ennemis inconnus	201

TABLE DES MATIÈRES

Pages.

La Médisance. — Propos de la rue................. 215
La Rapacité. — L'appétit vient en mangeant........ 229
Les Petits vols. — L'histoire de cinquante ans..... 239
Les Manies. — La dame du comptoir................ 247
L'Hypocrisie. — Le petit monument................ 257
Pour la galerie. — Le général Public............. 269
La Crédulité. — La médaille du revers............ 287
L'Orgueil. — Le roi des gendres.................. 301

www.ingramcontent.com/pod-product-compliance
Lightning Source LLC
Chambersburg PA
CBHW060418170426
43199CB00013B/2195